第 3 季

哲学100问

后现代的刺

书杰 著

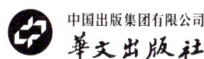
华文出版社

图书在版编目（CIP）数据

哲学100问：后现代的刺 / 书杰著. —— 北京：华文出版社，2020.11（2025.1重印）
ISBN 978-7-5075-5354-3

Ⅰ. ①哲… Ⅱ. ①书… Ⅲ. ①哲学－问题解答 Ⅳ. ①B-44

中国版本图书馆CIP数据核字（2020）第175605号

哲学100问：后现代的刺

作　　者：	书　杰
责任编辑：	方昊飞
出版发行：	华文出版社
地　　址：	北京市西城区广外大街305号8区2号楼
邮政编码：	100055
网　　址：	http://www.hwcbs.cn
电　　话：	总编室 010-58336239　发行部 010-58336202
	编辑部 010-58336269
经　　销：	新华书店
印　　刷：	三河市航远印刷有限公司
开　　本：	880×1230　1/32
印　　张：	11
字　　数：	220千字
版　　次：	2020年11月第1版
印　　次：	2025年1月第8次印刷
标准书号：	ISBN 978-7-5075-5354-3
定　　价：	58.00元

版权所有，侵权必究

自序
后现代的刺

大家好,欢迎来到《哲学100问》第3季——后现代哲学的篇章。我是书杰,很高兴与你们相遇。

20世纪以来,世界进入全新的发展阶段。科技革命如"催化剂"一般加快了人类的现代性步伐。随着生产力飞速发展,人类的欲求也无限膨胀起来。这个被技术"统治"的世界,呈现出"看上去很美"的繁荣景象。文化工业产品以多样的形式——文学、电影、音乐、绘画、建筑等展现于普通大众面前,各类媒介信息不断向人们喷涌而出。"更快、更高、更多、更优"的理念,塑造着每一位现代人的价值观。不知不觉中,人们陷入"现代性"所制造的漩涡里。人们对此浑然不知,变得越发温顺,逐渐丧失思考力。

基于这样的历史境遇,哲学家开启了一场对"现代性"和"现代文明"予以重新审视与反思的运动,从而形成了具有彻底批判性的后现代哲学思潮。

不同于传统哲学的思辨严谨以及现代哲学的诗意与张力,后现代哲学表现出了一种"大拒绝"的态度——拒绝追求"宏大的叙事"风格,拒绝传统理性所构建的秩序,拒绝传统哲学散发的一切带有总体性、同一性、本质主义、基础主义、逻各斯中心主义等倾向的终极希望。后现代哲学寻求的是不确定性、模糊性、碎片性、多元性和差异性。

总体而言,后现代哲学表现出更为决绝的批判勇气、更为强烈的反传统色彩,甚至将这种"反叛"——反本质、反普遍、反同一性引向极端。

在《哲学 100 问》第 3 季中,我们试图探求哲学家们向传统秩序"开炮"、向总体性规则发起猛烈"攻击"的真相。

霍克海默与阿多诺对"文化工业的批判";

马尔库塞的"单向度的人";

哈贝马斯的"交往理性";

梅洛-庞蒂的"身体哲学";

伽达默尔的"视域融合";

福柯的"人之死"与"性经验史";

德里达的"解构武器";

罗尔斯的"正义论";

汉娜·阿伦特的"平庸的恶";

波普尔的"反归纳主义";

库恩的"科学革命";

费耶阿本德的"怎么都行";

……

这些鲜活的哲学命题将贯穿于《哲学 100 问》第 3 季的五大篇章:社会的批判、身体与解释、解构的快感、正义与邪恶、科学哲学。我们也将系统学习法兰克福学派、身体哲学、解释学、解构主义、现当代政治哲学以及科学哲学等内容。

可以说,后现代哲学真正揭开了人类文明的温情面纱,赤裸裸地触摸到隐藏在表象背后的真实。后现代哲学的声音较为"刺耳",时常会给人带来紧张刺激的精神快感。

最后,希望大家通过对《哲学100问》第3季的学习,提升思考力,在认清世界的真相后依然热爱这个世界,以更加坦然的姿态面对人生!

目录 contents

第一篇章　社会的批判

01　启蒙与神话的纠缠（上）：神话已是启蒙　　004

02　启蒙与神话的纠缠（下）：启蒙倒退为神话　　010

03　启蒙理性沦为权力的工具　　017

04　工具理性的霸权，一场现代性的灾难　　023

05　文化工业的秘密　　030

06　文化工业：社会统治权力的化身　　036

07　文化工业大骗局（上）：被操控的情绪　　041

08　文化工业大骗局（下）：娱乐至死　　045

09　文化工业：一个巨大的广告系统　　051

10　马尔库塞：单向度的人　　058

11　马尔库塞：对科学技术与文化工业的批判　　062

12　马尔库塞：爱欲与文明　　067

13　哈贝马斯：晚期资本主义社会的新特征　　072

14　哈贝马斯：交往行为理论　　076

小结：社会的批判　　080

目录

第二篇章　身体与解释

01　梅洛-庞蒂：一位暧昧的哲学家　090

02　梅洛-庞蒂：知觉是哲学家的绝对知识　094

03　梅洛-庞蒂的身体哲学（上）：身体的历史　099

04　梅洛-庞蒂的身体哲学（下）：模棱两可的身体　103

05　伽达默尔：解释学的开创者　108

06　伽达默尔：本体论意义的解释学　111

07　伽达默尔：打上历史烙印的"理解"　114

08　伽达默尔：是否存在纯粹客观的历史　117

09　伽达默尔：视域融合　121

小结：身体与解释　126

第三篇章　解构的快感

01　福柯，去过自由的生活　132

02　福柯：疯癫与文明（上）

疯癫是一种病吗　139

03　福柯：疯癫与文明（下）

野蛮霸道的现代理性　143

目录

04 福柯：词与物（上）
　　人文科学的考古学　　148

05 福柯：词与物（下）
　　知识型与"人之死"　　150

06 福柯：知识与权力同谋共生　　156

07 福柯：规训与惩罚（上）
　　作为公共景观的酷刑及其消失　　159

08 福柯：规训与惩罚（下）
　　现代社会是一所"大监狱"　　163

09 福柯：性经验史　　169

10 德里达的幽灵　　177

11 德里达：解构的灵感　　182

12 德里达：逻各斯中心主义（上）
　　语音中心主义　　186

13 德里达：逻各斯中心主义（下）
　　在场的形而上学　　191

14 德里达：解构的武器——延异、播撒和踪迹　　195

小结：解构的快感　　199

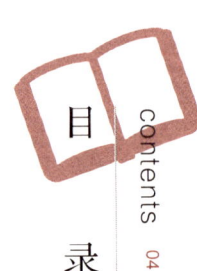

目录

第四篇章 正义与邪恶

01 罗尔斯：一场正义的风暴　　208

02 罗尔斯：何谓正义（上）
　　对功利主义正义观的批判　　213

03 罗尔斯：何谓正义（下）
　　关于公平的正义　　217

04 罗尔斯：正义二原则　　221

05 罗尔斯：纯粹的程序正义和反思的平衡　　228

06 罗尔斯：无知之幕　　232

07 汉娜·阿伦特：去爱这个世界　　237

08 汉娜·阿伦特：极权主义的实质　　243

09 汉娜·阿伦特：犹太人问题　　249

10 汉娜·阿伦特：一切皆有可能，一切皆可摧毁　　255

11 汉娜·阿伦特：平庸的恶（上）
　　缺乏思考力带来的大灾难　　260

12 汉娜·阿伦特：平庸的恶（下）
　　对恶的无视，就是对恶的纵容　　266

小结：正义与邪恶　　272

目录

第五篇章　科学哲学

01　波普尔：反归纳主义（上）

　　历史上的归纳问题　　280

02　波普尔：反归纳主义（下）

　　有限不能证明无限，过去不能证明未来　　284

03　波普尔：理论先于观察 |

　　猜想—反驳 | 可证伪性　　290

04　波普尔：科学意味着真理吗　　295

05　库恩：范式　　300

06　库恩：科学发展的动态模式　　305

07　费耶阿本德：反对方法，怎么都行　　311

08　费耶阿本德：向理性告别　　315

小结：科学哲学　　320

参考书目　　327

后　记　　333

第一篇章

社会的批判

自人类社会进入现代时期,西方的社会环境时刻发生着变化。在"科学"与"理性"的旗帜下,资本主义进入高度发达的"后资本主义社会"阶段。此时的社会环境,已经与马克思所处时代的资本主义社会有所不同:工人的生活水平得到大幅度提升;资本主义的所有制、统治方式以及阶级结构也发生了新的变化;技术的迅猛发展改善了人类的生活方式;文化产品进入工业化的流水线作业阶段;世界大战的接连爆发以及各类政治运动的不断开展,使整个西方世界处于水深火热之中。

这一时期,深受大环境影响的哲学家逐渐开始思考社会的现实问题:在发达的资本主义社会,为什么工人阶级甘愿被统治、被压迫,甚至被欺骗?在启蒙理性的背景下,对技术的追求为什么会成为人们的总体理想?法西斯者在战争中为什么可以操纵、控制大多数人的思想?为什么文化产品会被大量复制流通于市场?文化作品对大众到底产生了怎样的影响?文化工业繁荣的背后,是否有着更为深层的社会原因?这些看似"热闹非凡"的表象背后,到底隐藏了什么?

带着以上这些疑问,我们开启本篇章——法兰克福学派的学习。

法兰克福学派是西方马克思主义[①]的一个学术团体,也是西方马克思主义中影响力最大的学派之一,因其发源于德国美因河畔的法兰克福社会研究所而得名。此学派提出了"社会批判理论"[②]——

[①] 西方马克思主义的概况:20世纪以后,西方出现了各种马克思主义的派别。他们对马克思的表述形态呈现出了多样的格局:有延续、有传承、有改造,也有发展。西方马克思主义的发展大概分为几个阶段:起初是卢卡奇等人创立的黑格尔主义马克思主义,试图以黑格尔主义解释马克思主义;20世纪30—60年代是西方马克思主义的大发展时期,其中影响最大的就是法兰克福学派;20世纪70年代之后,英美等国出现了分析的马克思主义,后现代的马克思主义,等等。

[②] 这里的"批判"是指对社会的现实状况、人类的生存境况予以重新审视与反思,从而挖掘社会问题背后的哲学问题。

对当时资本主义现实社会的社会制度、意识形态、科学技术以及大众文化等方面予以批判。

接下来,我们将通过对霍克海默、阿多诺、马尔库塞与哈贝马斯这几位哲学家思想的介绍,去探究法兰克福学派的"社会批判"问题。

本篇章概览

哲学家

霍克海默 | 阿多诺 | 马尔库塞 | 哈贝马斯

本篇章流派

法兰克福学派

本篇章话题

⊙ 启蒙与神话　　⊙ 文化工业

⊙ 娱乐至死　　　⊙ 爱欲与文明

⊙ 单向度的人　　⊙ 交往理性

01
启蒙与神话的纠缠（上）：神话已是启蒙

20世纪三四十年代，第二次世界大战的爆发使整个欧洲陷入黑暗之中。战争给人类带来了巨大伤害，科技手段被肆无忌惮地应用于战场上的屠杀，法西斯的极权主义更是操纵了大众的情绪，这其中甚至包括一些文化修养极高的专业人士。

战争结束后，资本主义社会发生了一系列异化现象。人们开始利用科技手段征服他人、征服世界、征服自然，现代世界逐渐沦为一个可被"计算的世界"。人们的生活方式逐渐被模式化，人们的思想开始趋向"同一"，逐渐丧失自我的个性。

基于战争中的极权主义和战后资本主义社会的异化现象，法兰克福学派的代表人物——霍克海默与阿多诺，开启了一场对现代社会的批判性反思活动：这一切究竟因何而起？战争中的极权主义，是否有其内在的根源？那些看似美好的大众文化产品，其背后是否隐藏着更为深刻的危机？

启蒙理性：一场因胜利而招致的灾难

●●霍克海默（左）与阿多诺（右）

马克斯·霍克海默（M.Max Horkheimer，1895—1973年）德国哲学家，法兰克福学派的创始人之一。1930年任法兰克福大学社会研究所所长，之后创办《社会研究杂志》。代表作有《启蒙辩证法》（与阿多诺合著）、《工具理性批判》和《社会哲学研究》等。

西奥多·阿多诺（Theodor Wiesengrund Adorno，1903—1969年）德国社会学家、哲学家、音乐理论家。他是法兰克福学派的成员之一。代表作有《多棱镜：文化批判与社会》、《启蒙辩证法》（与霍克海默合著）、《文学笔记》、《美学理论》等。

该如何破解这些难题？霍克海默与阿多诺找到了切入点——通过对"启蒙理性"的批判，即重新审视来揭示现代性的危机；通过对资本主义社会现状的反思，挖掘极权主义的内在根源以及社会发生异化的原因——以此为现代人敲响警钟。于是，诞生了这部《启蒙辩证法》[①]。

《启蒙辩证法》涉及的哲学维度比较多，如传统理性、启蒙与神话、文化工业、现代文明、理性与权力等，但这些命题始终围绕着一个核心问题——对传统理性背景下的"启蒙"进行批判和反思而展开。

或许大多数人对启蒙的理解是这样的："启蒙"，使人类告别愚昧、摆脱对世界的恐惧。正因"启蒙"这座方舟，人类才得以摆渡到工业文明社会。"启蒙"开启了人类的现代性篇章，"启蒙"应该是一件"好事"。

但敏锐的霍克海默与阿多诺发现，经过这样的"启蒙"洗礼后，"被彻底启蒙的世界却笼罩在一片因胜利而招致的灾难之中"[②]。人类非但没有因为"启蒙"进入真正的人性状态，反而陷入一种新的野蛮主义。因为"启蒙理性"的"倒退"，人类不知不觉被卷入一场现代性的噩梦里。

那么，"启蒙理性"到底是如何走向"自我毁灭"之境的？这样的"启蒙理性"又是如何给现代人带来灾难的？接下来，我们将

---

① 《启蒙辩证法》是阿多诺在美国加利福尼亚流亡期间与霍克海默合作而成的著作，写于1941年至1944年的二战期间。该书是法兰克福学派发展过程中非常重要的奠基性著作，是现代性批判最为深刻的作品之一。

② [德]马克斯·霍克海默，西奥多·阿多诺. 启蒙辩证法[M]. 渠敬东，曹卫东，译. 上海：上海人民出版社，2006：1.

通过三个步骤去解析《启蒙辩证法》的核心内容,从而找到解答以上问题的线索:

一是通过梳理"启蒙"与"神话"的纠缠关系,去解析"启蒙"的概念;

二是探寻"启蒙"会走向"自我毁灭"之境的缘由,处于"自我毁灭"之境下的"启蒙"将给人类带来了怎样的灾难;

三是分析"启蒙走向自我毁灭"的典型表现,即"文化工业"问题。

启蒙与神话的纠缠

在《启蒙辩证法》中,有一个非常富有辩证意味的观点:"神话就是启蒙,而启蒙却倒退成了神话。"[①] 要理解启蒙与神话的纠缠关系的深刻内涵,我们可从"启蒙"这个概念入手。

启蒙:以反神话为初衷

说到"启蒙",或许大家首先会想到兴起于17—18世纪欧洲的启蒙运动。但霍克海默与阿多诺并没有把"启蒙"局限于这个特定的历史时期,他们认为:从古至今对任何不借助于神秘或迷信解释的知识的尝试,都是"启蒙"的尝试。一切把人类从恐惧、迷信中解放出来树立自主的进步思想,都是"启蒙"的思想。"启蒙"意味着用理性祛除愚昧无知,用理性之光照亮一切黑暗。

---

① [德]马克斯·霍克海默,西奥多·阿多诺.启蒙辩证法[M].梁敬东,曹卫东,译.上海:上海人民出版社,2006:前言第5页.

既然是"从古至今"来看,那我们就追溯到"启蒙"的发端源头,即神话阶段来解析。

正如霍克海默与阿多诺所说:"启蒙的纲领就是要唤醒世界,祛除神话,并用知识来替代幻想。"① 这句话的意思是"启蒙"在发端之初以"反神话",即摆脱神话的迷信解释、祛除魅惑为初衷,从而树立正确的知识。

这样理解下来,大多数人或许会认为"神话"与"启蒙"肯定是势不两立的。但霍克海默与阿多诺提出了不同的见解:"启蒙"以"反神话"为目的,但如果按照"启蒙"这个定义来看,"启蒙"所反的"神话"本身就已经内在蕴含了"启蒙"的因素,即神话已是启蒙。

神话:一种"启蒙"的尝试

什么是神话?大家都听说过古希腊神话故事,《荷马史诗》也是以神话为底本,创作的史诗作品。通俗来讲,神话就是人类最初对自然界各类现象所做的最为朴素的解释。

在远古时期,人类因没有能力解释自然界的现象以及人类的生死现象,而一直处于被自然力量摆置的状态。因此,人类对世界总是充满畏惧与惶恐之情。为了祛除内心的不安以获得宁静,人们便以神话方式塑造,甚至幻想出各种远离现实的形象,并以此来解释这个变化多端的自然世界。人们将自身对世界的掌控感寄托于诸神对权力与地位的争夺以及诸神建立的各种秩序之中。也是通过这种

---

① [德]马克斯·霍克海默,西奥多·阿多诺.启蒙辩证法[M].渠敬东,曹卫东,译.上海:上海人民出版社,2006:1.

方式，人类实现对自然世界的控制。

可以说，神话自发端之初就已然默许了"人对世界的畏惧之感"。人类通过神话的方式为自身的生活寻找意义，最后达到安顿内心恐惧的效果。

虽然神话解释带有幻想和迷信的色彩，但从"启蒙"的视角看，神话对世界的解释本身就是一种"启蒙"的尝试了。因为神话的解释至少是一种对知识探索的尝试，只不过这样的知识以"启蒙"的角度来看是愚昧的、落后的、迷信的。

假如一个人晚上看到鬼火，在没有科学认知的前提下，他可能会把这个鬼火解释为"鬼来了"。而如果有了科学知识，他会认为"鬼火"不过是化学反应的一种现象罢了。将鬼火解释为"鬼来了"，在"启蒙"的视角下虽然看起来荒唐可笑，但这至少是一种解释，是一种对知识的探求，只不过它是以一种迷信的、幻想的方式展开罢了。因此，单从"启蒙"的角度来说，"神话"解释已经蕴含"启蒙"的要素，即对未知知识探索的向往。

这里的辩证关系是：在"启蒙"看来，"启蒙"的初衷是祛除神话的迷信，尝试树立正确的知识，以理性代替愚昧，即"启蒙"是"反神话"的。但深入神话的内涵我们发现，神话的解释本已蕴含对世界的解释、对知识探求的尝试，只不过它是以幻想、迷信的方式展开罢了。人们借助神话中诸神对权力与地位的争夺，塑造了对世界的解释方式。人们将自身对自然的统治倾向化为众神对世界的主宰力量，这些都孕育着"启蒙"精神。

"启蒙"与"神话"纠缠关系的第一层论断为"神话就是启蒙"，那么"启蒙倒退为神话"又该如何理解呢？

02 启蒙与神话的纠缠（下）：启蒙倒退为神话

为什么说"启蒙倒退为神话"？"启蒙"究竟是如何走向自身的对立面，走向自我毁灭的？我们不妨以"人类文明的发展阶段"为切入来了解这个问题。

神话—哲学—现代科学

在《启蒙辩证法》中，霍克海默与阿多诺解析出人类文明的发展大致分为三个阶段：神话、哲学和现代科学。

神话：祛除恐惧的精神寄托

关于神话阶段，我们在前面已经有所提及。在原始社会，人类在面对不确定的世界时会产生恐惧之感，人类也会受制于一股盲目的自然之力的摆置。于是，原始人开始借助神话来解释变幻莫测的自然现象，以祛除内心的畏惧，安顿灵魂。在相当长的一段时间内，人们对世界的理解仅停留于古代神话层面。

哲学：最初的真正启蒙

随着历史的发展，在古希腊地区出现了一批人，他们试图摒弃神话思维，以非神话的方式，即从经验出发探寻"世界的本原"问题。古希腊的哲学之旅由此启航，被誉为"哲学之父"的泰勒斯便是具有开创性的代表人物。

从水本原到气本原、无定说、四根说，再到火本原、原子论等，哲学家们接连登场论说，哲学事业不断发展壮大，人类的抽象思维也逐渐提升。哲学，便是人们运用抽象的语言对希腊神话中的命运必然性等问题所做的阐释，比如，赫拉克利特的"逻各斯"、巴门尼德的"存在"以及柏拉图的"理念"等。

从"神话"到"哲学"的历程，可谓最初的"启蒙"。人类因此逐渐摆脱对神话的迷信和幻想，逐渐从"迷信解释的知识尝试"中解放出来，从而走向哲学开启的"理性的事业"中。随着主体性意识的逐渐觉醒，人类的理性越发散射出更为耀眼的光芒。

这里需要说明一点，从"神话"到"哲学"的启蒙历程中，人类最初的理性是丰富而全面的理性，这种理性不仅包含着人对世界外向度的反思，也包含着理性的"自我意识"，即人通过理性对思想本身进行的自我反思和自我批判。就好比说，一个人可以跳出自己对世界的注视，以"上帝"（第三方）的视角来反观自己对世界的判断。正因为人拥有如此丰富维度的理性能力，才免于陷入执念以及"自以为是"的迷信陷阱。可以说，具有丰富维度的理性才是理性本该有的面貌，也唯有这样的理性才是对人类自由最好的守护。

现代科学：以多样性为特征的齐一系统

但随着人类文明的发展，哲学与科学出现了分野，"现代科学"的兴起使人类文明走向了一个新的阶段。

也正是在这一进程中，由哲学"启蒙"而来的理性发生了变化——理性逐渐丧失其最为核心的"自我批判和自我反思"的要素。而理性一旦缺少了"自我批判"这一维度，它便像一匹脱开缰绳的野马，因不再受任何制约而变得越发狂妄。理性沦为"达到某个目的纯粹工具"。人可以通过理性去获得一切想获得的东西，去达到一切想达到的目的。这就是所谓的"工具理性"。

启蒙理性走向自我毁灭

在霍克海默与阿多诺看来，一旦丰富的理性走向单一的工具理性，理性的工具属性变为其终极目的时，"启蒙"便走向了自我毁灭之境，人类便陷入一场现代性的灾难之中。这该如何理解呢？

现代科学特别讲究"数学化的思维方式"——以数学逻辑为准则，把一切事物和现象通过计算和公式化的方式加以规定。通过科学的思维，人们将这个混沌的世界塑造为一个可以被测量、可以被计算的世界，任何事物和现象都将被纳入这套科学的系统之中。

在现代科学世界里，一切都变得公式化、数字化和规则化。而现代科学的最终目的就是要通过对世界的实证分析，来构建出一个精细化的严密体系。这就好比世界像一张被遮罩了的网，这张网以定量、定性、数学化、标准化的方式包罗世间万象，任何超出这张网以外的元素都将不被认可。

而这张网（这个系统）正是以"启蒙理性"的逻辑思维，更确切地说是以"启蒙理性"中的数学逻辑、形式逻辑为准则构建而成的。当"数字成了启蒙精神的准则"时，最终的指向就是要构建出一套可以被精准测量和计算的系统，如果发现有事物和现象不在这个系统里，那么人类也会用科学理性的数学逻辑将其破解，并将其纳入这个系统。因为"启蒙不能允许有自己无法控制的、外在于它的东西。只有将一切纳入它的囊中，它才能高枕无忧"。①

这时你会发现，经由"启蒙理性"发展到现代科学阶段构建出来的科学系统，看上去是包罗万象的、丰富全面的、敞开的、有着极强的包容度的，但实际上，其所有的丰富内涵都要被统摄于同一系统中，这个系统反而是单一的、封闭的，甚至带有着极权色彩的。

为了建构一个表面上包罗万象，但实际上却有着同一性指向的系统，所以理性为了自我保存，其工具性便被人们无限放大，甚至成为主宰力量②。逐渐，丰富全面的理性沦为单一的工具——一个努力建构能规定世界系统的工具。理性丧失了"自我意识"，丧失了对思想"自我反思和批判"的能力，而正是这关键一环的丢失，又强化了人类建构齐一系统的信念③。

---

① 张汝伦.现代西方哲学十五讲［M］.北京：北京大学出版社，2004：398.
② 即唯有"工具理性"才能帮助人类达到建构齐一系统的目的。
③ 当齐一系统以具体的形态呈现在人们日常生活的方方面面时，便表现为医学、生物学、物理学、化学乃至经济学、管理学等，甚至人们在生活中看不见的内在社会秩序也是这齐一系统的体现。

理性的温情面具

我们现代人自出生那一刻起,便被强制纳入这套系统中,被纳入既定的社会体系内。人要生存下去,就必须遵守外在的规则,每个人都无法逃离也无法挣脱。我们经常会听到有人感叹"人生很无奈"。人为什么会感到"无奈"?因为你对既定的规则无力改变,你必须去适应规则、适应社会系统的运作,而不是让规则来适应你,让社会来适应你。

这套规则和秩序的系统,就像一双无形之手将你牢牢"掌控"。你可以在这个世界里"乱蹦乱跳",做出一些看似"出格"的举动,但你永远"跳"不出由理性构建的规则系统对你的控制。

此时的现代人,反而陷入某种盲目的外在的自然之力的掌控中,而这股盲目的自然之力却以一种看似极其理性的方式呈现。

这才是最可怕的地方。

因为你原以为,通过理性的启蒙,你可以告别任由盲目的自然之力①摆布的愚昧之境,告别对神话的"迷信",你原以为通过"启蒙"的洗礼走向了真正的自由。但谁知,你又陷入另一股莫名的自然之力——以"启蒙理性"为化身的规则与系统的控制之中,陷入另一个你不得不去遵守、适应的某种既定秩序的境遇里。

"理性"戴上了面具,给予你"温情的控制"。而你对整个过程却全然不知,且认为其理所当然。

---

① 这里的"盲目的自然之力"是指由原始人无法解释的自然现象与人的生死现象等产生的对人的"控制"之力。

启蒙理性建构的"新神话"

如此一来,"启蒙理性"带来的后果不正使人陷入一种新的"神话"之中吗?

"启蒙"的本意是帮助人们"反神话"、祛除迷信和幻想、摆脱某种神秘的自然之力的控制,最终走向自由。但其结果如何呢?

"启蒙理性"经由"神话"到"哲学"再到"现代科学"的发展,最后开启了一个以数学为原则的现代科学世界。原本有着丰富维度的"启蒙理性"丧失了"自我反思和自我批判"这关键一环,"工具理性"成为了主角。于是,世间万物都要被纳入这套由科学理性(数学逻辑)构建的系统中,而人本身也要被强制纳入这套既定的秩序里。最后,人们又被某种新的力量"控制",陷入某种新的"迷信"里。只不过,此时人们深信的不再是"妖魔鬼怪",而是"理性"本身,控制人们的不是盲目的自然之力,而是理性构建的囚笼。

人为了更好的"自我保存",即更好地生活下去,便会对这套理性系统和规则产生纯粹的需求[①]。而当人越是"理性地"建构这套系统时,也就越会被它深深钳制。人们陷入"理性"的依赖中而无法自拔,陷入经由理性包装后的系统控制而无法挣脱。最终,"启蒙"走向自身的反面,倒退(跌落)为"神话",人的"理性"变为了一种"非理性"——人对"理性"的追求走向了"非理性"的迷信方向。

[①] 比如人生病了就需要医学,不然人就会死去。于是,人们就要不断地发展、完善医学系统。

我们不禁要问:"启蒙理性"为什么会走向"自我毁灭"?而发生"理性的倒退"的真正原因又是什么呢?

03
启蒙理性沦为权力的工具

在霍克海默与阿多诺看来,"启蒙理性"之所以被败坏,有一个终极原因,那就是"权力"。

《启蒙辩证法》里写道:"启蒙带有极权主义性质。"①

也就是说,启蒙精神造就的理性神话,本质上体现出了极权主义的特性。"启蒙理性"最终的指向是对"权力"的向往,"启蒙理性"发展到最后将沦为"权力"的工具。这也正是"启蒙理性"走向自我毁灭,带给人类灾难的原因所在。

"启蒙理性"与"权力"的纠缠

在人们的印象中,"启蒙"意味着摆脱愚昧,追求真理。那我们便继续追问,人为什么要追求真理呢?人类自诞生之日起,就对真理有着纯粹的热爱吗?细想起来,可能并不是。

---

① [德]马克斯·霍克海默,西奥多·阿多诺.启蒙辩证法[M].渠敬东,曹卫东,译.上海:上海人民出版社,2006:4.

前文已经介绍，无论是已蕴含启蒙要素的神话①，还是本就具有启蒙精神的哲学②，它们首先要处理的是人和世界的紧张关系——试图将人从对世界的恐惧和不安状态中解救出来，帮助人们祛除畏惧、安顿灵魂。

如此看来，"启蒙"并非以"追求真理"③为原始动力，而恰恰是以"摆脱恐惧""祛除畏惧"为初衷。

什么样的情况才是真正的"摆脱恐惧"？当你控制住了让你害怕的对象，当你对自然和外在世界有了绝对的掌控权和支配权时，你就不再恐惧了。比如，家里突然钻进一只老鼠，你受到了惊吓，这时你该怎么办？捉住这只老鼠，将其控制起来。这样你才能消除恐慌，获得安心。

换言之，只有当人们建立对世界的控制权时，人的内心便不再慌乱，人们也因此摆脱了对自然的畏惧之感。

在以上的描述中，"控制""掌控""支配"这些词，体现的正是人对自然的权力。

在霍克海默与阿多诺看来，"启蒙"自发端之初就已存在内在的缺陷——"启蒙"的初衷并非"追求真理"，而是基于人对世界的畏惧以及对这份畏惧的祛除，最终实现的是人对世界的绝对控制和统治。可以说，"启蒙理性"自发端之初就是以"权力"为导向，"启蒙理性"的整套逻辑在最初就已扭曲。

那么，为什么经由"启蒙理性"的洗礼后，人们会如此信赖这套

---

① 即通过塑造神灵的方式祛除心中的不安。
② 即通过抽象思维探寻现象背后的本质规定性，从而消除不安。
③ 即对真理的追求反而沦为"摆脱恐惧"的一个手段。这一点，我们后面会再解释。

本已扭曲的理性的逻辑呢？"理性的魔力"到底在哪里？人们是如何通过理性实现对世界的控制的？"启蒙理性"的权威又是如何被建构起来的？

启蒙理性权威的建构过程

祛魅—知识—技术—工具

我们将"启蒙理性"的发展过程总结为几个关键词：祛魅、知识、技术、工具。经由这几个步骤后，理性的权威便被建构起来，人们没有理由不陷入理性制造的漩涡里。

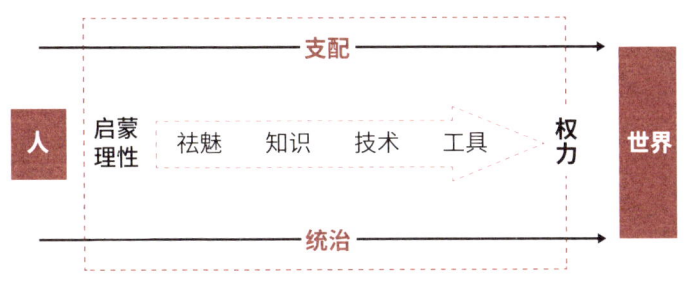

●○● 启蒙与权力

我们不妨来详细解释一下"祛魅—知识—技术—工具"。

"祛魅"的意思是祛除魅惑，祛除诸如妖魔鬼怪这些错误的观点。"知识"指的是人对这个世界的正确认识。从"祛魅"到"知识"的过程，就是人们清理错误认知、探索并掌握正确知识的过程。这一"反"一"正"，便体现出了"追求真理"的精神过程。

知识意味着什么？我们在培根那里听到过"知识就是力量"这句话。知识是什么力量？是改变世界的力量。在霍克海默和阿多诺看来，培根早已归纳出"启蒙"的主旨：人只有掌握了正确的知识，才能拥有人对自然的统治权力。"权力与知识是同义词。"[1]

到这里我们已经从"祛魅"到"知识"的解析，直接指向了"权力"。但要梳理出从"知识"到"权力"的逻辑，其实还有两个中间环节必不可少，即"技术"和"工具"。

正如霍克海默与阿多诺所说："无线电就是一种精致的印刷术，轰炸机是一种更有威力的火炮，遥控系统则是更为可靠的指南针。"[2]

当相关领域的"知识"落实为某一项具体的"技术"，并进一步将这项"技术"化为一种"工具"手段，即这项技术成为实现某个效果的工具时，人便拥有了改变世界的力量，实现了对世界的统治和支配。最后，人便成为了世界的真正主人。

其整体的逻辑便是："启蒙理性"经由"祛魅"（祛除错误的认识）到"知识"（探寻正确的知识）到"技术"（把知识落实到技术）再到"工具"（将技术变为一种实现某个目的工具）的过程后，人类便祛除畏惧，拥有了对世界的统治权力。

最终，理性的权威便被建构起来。

启蒙理性的扭曲逻辑

也正是在这本已扭曲的逻辑中，人类越陷越深。只有当理性沦

---

[1] [德]马克斯·霍克海默，西奥多·阿多诺.启蒙辩证法［M］.渠敬东，曹卫东，译.上海：上海人民出版社，2006：2.
[2] 同上。

为人控制世界的中介手段时,人才能借助理性摆脱恐惧,获得控制权。而这样的逻辑又强化了人们对于(以权力为导向的)理性的信念。于是,"启蒙理性"经过一轮华丽的"包装",使得"启蒙"通向"权力"的道路充满无与伦比的理性色彩。

人们"看"到的都是表面上经过包装后的"启蒙理性",并深深认同这样的启蒙理性精神。因为唯有如此这般的"启蒙理性",才能引导人类走向光明。这也正是这套被扭曲的逻辑为大众所接受的原因所在。

如此一来,凡是不能帮助人们建立对世界的统治和支配权力的因素,就会被逐渐摒弃、排除在外。最后,具有丰富维度的理性丧失掉本该具有的"自我批判"的要素,理性沦为彻底的"工具理性",走上了一条自我毁灭之路。

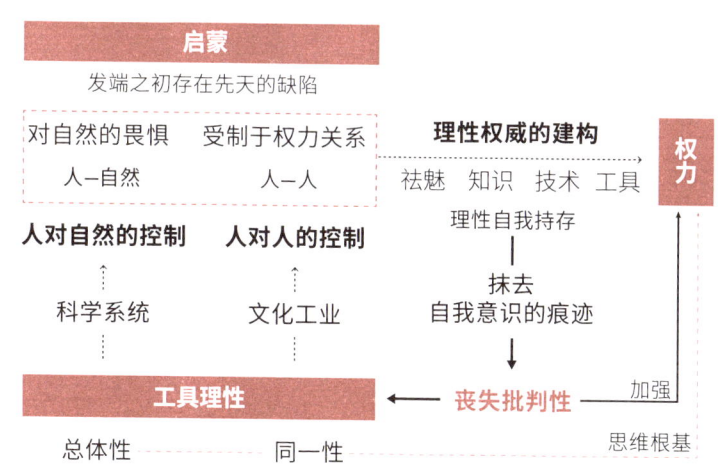

启蒙理性走向自我毁灭之境

之后的问题便是:"启蒙理性"中那些本来就有的"价值理性、人文理性、实践理性",即"自我反思和自我批判"的要素,是如何"顺理成章"地被"抛弃"的?而经由这样的"丢失"后,"工具理性"的泛滥又给现代人带来了怎样的灾难?

04
工具理性的霸权，一场现代性的灾难

探究丰富的理性为何沦为工具理性，即原本启蒙中就有的"自我反思和自我批判"这关键一环如何丧失的问题，也就等同于探究人类文明从哲学走向现代科学阶段的原因。我们不妨回到"启蒙理性"整体的逻辑中去解答这个疑问。

前文提及"启蒙"自发端之初就已存在以"权力"为导向的内在缺陷——人通过理性达到征服自然、控制和支配世界的目的，那么凡是不符合这套逻辑、阻碍这条道路的因素都要被清除。而"启蒙理性"中本来就有的"自我批判和自我反思"这一关键环节，恰恰成为阻碍因素。

哲学被无情"丢弃"

我们知道，哲学摒弃了神话思维，可算作人类思想的一次进步，因此哲学的诞生也可谓一次启蒙。

哲学是思想的探险活动，讲究"抽象的思辨"，哲学探究的是现象世界以外的思维领域如何运作的问题。那么，哲学的理性思维方式中必然蕴含着"反思"的能力——不仅是人对外部世界进行"反思"，对思想本身也会进行"自我反思和自我批判"。可以说，哲学阶段的"启蒙理性"是丰富的、全面的。

但问题恰恰出在这里。

如果放在"启蒙"整体的逻辑发展中去看，哲学探讨的概念以及各种形而上学问题对"启蒙理性"的最终目的——人确立对世界的控制和统治权起不到任何积极作用。换言之，"哲学的理性"无法完成"启蒙理性"的最初使命。

因为人只有在现实世界中去解决问题——将知识化为技术，用工具去统治万物——才能达到消除内心恐惧，建立对世界统治权的目的。但哲学探讨的对象是超越于现实世界以外的思维领域的问题，而非实实在在的现实问题。纯粹的哲学思辨活动，达不到这个目的。通俗来说就是：哲学"没有用"。

比如，当房子着火，你的生命受到威胁时，你该怎么办呢？你对着大火高呼："啊！世界是一团永恒的活火。"这有用吗？没有用。唯一的办法就是赶紧用水或灭火器灭火，只有这样你才能控制火势，保住生命。

从"启蒙理性"的总逻辑来看，人最终要确立的是对自然和世界的统治权，而唯有从实证的角度，从事实出发解决问题，才能完成这样的目标。但哲学的理性思维，完成不了这个任务。

且，哲学非但完成不了这项任务，哲学理性中对思想本身的"自我批判和自我反思"的要素还会阻碍这项任务的完成，阻碍人们对统治权力的追寻。因为"自我反思和自我批判"本身就意味着对"权力"存在某种制约之力。就好比说，当你做一件事情想要达到某个目的时，内心就会有一个声音告诉你：有些事情是不能做的，有些底线是不能触碰的……就好像有一只无形的手，在背后牵制着你。这就是"价值理性"和"实践理性"在不断给你敲响警钟，于是你的行为就会有所收敛。

基于这两点原因——第一，哲学探讨的是概念和意义问题，脱离了对现实问题的解决，无法帮助人们实现对自然统治权力的建构；第二，哲学理性中对思想本身的"自我反思和自我批判"的能力，阻碍了人对权力的欲求之路——启蒙理性要自我持存下去，人类要实现对自然与世界的统治，就必然要清除一切障碍：哲学遭到了弃绝，"启蒙理性"本来就具有的"自我反思"和"自我批判"的能力遭到了弃绝。

正如霍克海默和阿多诺所说："启蒙根本就不顾及自身，它抹除了其自我意识的一切痕迹。"[①] 而"启蒙理性"之所以如此这般表现，其原因就在于它以"权力"为最终导向。这里可用一个不太恰当的比喻，"权力"好像一个匪徒将"启蒙理性"绑架了，"启蒙理性"必须按照"权力"设置的这条道路前行，一旦出现阻碍这条路的要素，就要将其统统清除掉。进而，"理性"中原有的"自我反思"的这一层就被无情丢弃。

换言之，也唯有理性中"自我批判"这一环的丧失，才能使得人控制世界的权力之路畅通无阻。

---

① ［德］马克斯·霍克海默，西奥多·阿多诺.启蒙辩证法［M］.渠敬东，曹卫东，译.上海：上海人民出版社，2006：2.

"拯救者":现代科学

这时,打着拯救旗号的现代科学"闪亮"登场。正如霍克海默与阿多诺说:

> 在通往现代科学的路上,人们放弃了任何对意义的探求。他们用公式替代概念,用规则和概率替代原因和动机。①
>
> 对实体和质量、能动和受动、存在与生存这些概念作出合乎时代的定义,正是培根以降的哲学的关注点,然而科学却已不再应用这些范畴了。这些范畴被当作旧形而上学的理论偶像(idola theatri)而遭弃绝。②
>
> 对启蒙运动而言,任何不符合算计与实用规则的东西都是值得怀疑的。③

那么,为什么"拯救者"是现代科学呢?

因为科学研究的是现实世界,它所做的是以数学逻辑为核心的实证分析,而不是对诸如"人如何认识世界""人生有无意义"等形而上学话题的探讨。

人们经由对现实世界的系统化研究,世间万物便被纳入这个

---

① [德]马克斯·霍克海默,西奥多·阿多诺.启蒙辩证法[M].渠敬东,曹卫东,译.上海:上海人民出版社,2006: 3.
② 同上。
③ [德]马克斯·霍克海默,西奥多·阿多诺.启蒙辩证法[M].渠敬东,曹卫东,译.上海:上海人民出版社,2006: 4.

构建出来的可计算的科学系统中，人们也就拥有了应对自然和世界切实可行的办法，从而实现对自然的掌控，确立对自然的统治权力。

如此一来，"启蒙理性"必然发生异化，人再也听不进或者不愿意听到任何批判的声音。人们心中只有一个愿望，就是以控制世界为目的。于是，具有丰富维度的理性彻底沦为了人获得权力、统治世界的"工具理性"。

陷入新的野蛮主义

霍克海默与阿多诺对"启蒙理性"的反思，同样也是对人类文明发展史的反思。

"启蒙"自一开始就存在缺陷——以"权力"为导向。神话和哲学都无法完成人对世界的绝对掌控这项艰巨任务，于是现代科学以"拯救者"的身份登场。现代科学以数学逻辑为根基，通过"计算""测量""制定规则和体系"的方式，将世间万物构建为统一的系统。最终，人类逐渐确立起对世界的统治和支配的权力。

在这个过程中，理性的权威之所以如此稳固，人们能如此信赖"启蒙理性"这套逻辑，是因为"理性"为了自我持存而进行了一系列的"包装"：祛魅—知识—技术—工具。这是打着"追求真理"的旗帜，为人获得"权力"提供合理的解释。现代人心甘情愿地接受这套理性逻辑，从而奋不顾身地投入这场理性启蒙运动之中。

从表面上看，人类通过理性构建的这套科学系统帮助人实现了统治自然的愿望。但实际上，正是这套系统将人类推向了另一个深渊。工具理性和科学理性构建的系统以另一种不可抗的自然之力深深束缚住了人类，人类深陷工具理性和科学技术的泥潭中无法自拔。而"可笑"的是，人类非但没有意识到自己正深处深渊，反而以科学和理性为信仰，打着科学理性的旗帜更加肆无忌惮地建构人对世界的统治权力。

于是，人们整天为获得某个结果、为达到某个目的而做事，人们不再考虑"为什么做""应该做什么"，而只考虑"如何才能够做成""如何才能够达成目的"，一切都以结果为导向。人们忘记了本来要为之活着的东西，而沦落到仅仅为了继续活下去的境地。

进而，人类陷入一场新的野蛮主义之中，"启蒙理性"失去了崇高。人沉浸于"征服世界"的快感里，丧失了人本应该具有的对生命和自然的敬畏之情。

由此，现代世界日益暴露出诸多问题：自然环境日趋恶化，资源日渐枯竭，战争带给人类肉体和精神的双重伤害，人与人之间的关系日渐疏离，人们很难体会到原始的类似于"酒神精神"的快乐，现代生活越来越乏味，人们模式化地去完成每天的任务……这些才是霍克海默与阿多诺所担忧的。

这里需要注意的是，虽然霍克海默与阿多诺极力"批判启蒙"，但他们并没有完全否定"启蒙"，而是希望"启蒙"恢复其健全的功能。"工具理性"当然是被允许的，但"工具理性"仅仅是作为理性多个维度中的一个，而不应该作为理性的全部。人还需要"价值理性、人文理性、实践理性"等多个维度的理性，理性中一定要有自我批判与自我反思的维度。如果"工具理性""霸占"了理性的全部，那么这个被"启蒙"后的世界，必然陷入灾难之中。

当人的权力欲求无限膨胀，人对自然的控制也将延伸到人对人的控制①层面。人对自然的控制可以通过人构建的现代科学系统而实现，那么人对人的控制，即人和人之间权力关系的建构，要通过何种方式实现？这就涉及"文化工业"的内容。

---

① 人本身就是自然的一部分，是世界的一部分。

05
文化工业的秘密

随着现代媒介技术的发展，资本主义社会出现了文化工业的繁荣景象。人们每天都被文化工业输出的各种内容——传媒资讯、电影音乐、畅销文学等所包围，并能从各类文化作品里找到精神寄托。但霍克海默与阿多诺对其予以重新审视与反思：看似繁荣的"文化工业"的背后，隐藏着人对人的统治权力的关系的秘密。

文化工业：一场温情的欺骗

在霍克海默与阿多诺看来，文化工业作为欺骗大众的启蒙，沦为了意识形态的工具，沦为了社会统治的工具。

对大众而言，文化工业是一场温情的欺骗。在文化工业的温情面纱下，统治者伪装成了具有普世价值的倡导者，以非暴力、非野蛮的方式，利用文化的宣传和渲染，实现对大众的思想控制、对人的统治权力的建构。实际上，被"控制"的大众非但没觉得自己被

"控制",反而对这样的操控系统表示深深的依赖和认同。文化工业,便在这整个过程中起到了重要的作用。

我们不禁追问,文化工业为何有如此功能?文化工业如何沦为意识形态的工具、沦为统治者统治的工具?其与启蒙理性之间的内在关联点是什么?我们将通过三个步骤解决以上问题:一是解释文化工业的内涵;二是挖掘文化工业的运作机制与特性;三是揭示文化工业沦为意识形态与社会统治的工具的原因。

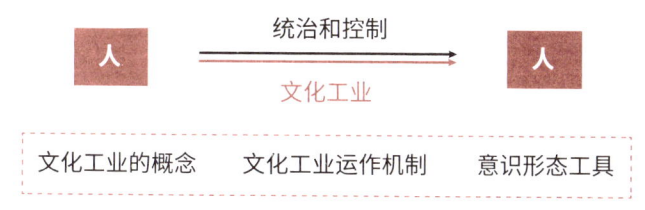

● ● **文化工业:人对人的统治和控制**

什么是文化工业

通俗来说,商业电影、流行音乐、娱乐节目、戏剧演出、文学作品、建筑艺术等都是文化工业的范畴。在中国,我们习惯称其为文化产业。

文化工业是指在发达的资本主义社会背景下出现的,在文化领域进行模式化商品生产的一种工业模式。随着"启蒙"带来的历史变革,"工具理性"渗透于文化艺术领域后,文化创作者便借助技术手段将"自由的艺术创造"方式转为"可批量复制的商业生产"

模式，并将由此大规模生产的文化产品投放于市场供大众消费，这就是文化工业系统的运作过程。

可以说，经由文化工业技术化的处理后生产的文化产品，已不再是单纯的具有"神韵"的艺术作品了，而是具有浓郁商业气息的文化商品。

我们不妨通过分析"文化艺术作品"和"文化工业产品"之间的差异，去深刻地理解文化工业的内涵。

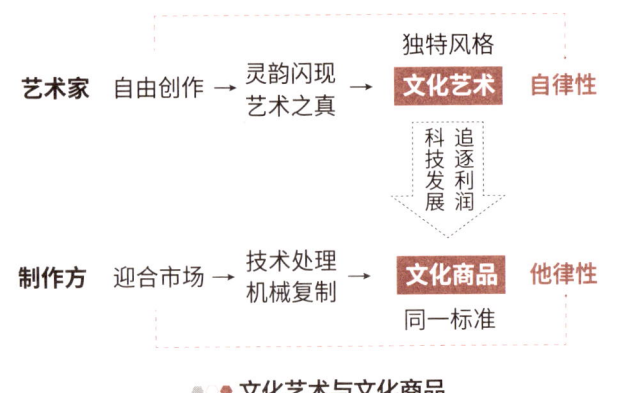

● ● **文化艺术与文化商品**

文化艺术作品：自律性

人类的文化艺术有着非常悠久的历史。从古代到近代，绘画、古典音乐、雕塑、建筑、文学等作品给人类留下了宝贵的精神财富，文化艺术呈现出了丰富的样态。

一开始，文化艺术并没有大规模地被商业化运作，艺术作品有着自律性的特点。也就是说，艺术家的创作是自由的，其动机也是纯粹的——通过艺术手法，比如，一幅绘画、一段旋律、一件雕塑或一首诗表达出对生命和世界的各种理解。艺术家不用考虑自己的作品能否在市场上卖个好价钱，他们只需按照自己的想法进行创作即可。这样的艺术作品蕴含着"原真性"，艺术之"真"便是艺术家独特风格的体现。

当普通人欣赏这些艺术作品时，便会被艺术之"真"的灵韵之光深深感动。比如，当你看到凡·高的绘画作品——《星空》《麦田里的乌鸦》《向日葵》《农鞋》时，你或许能感受到凡·高凝结在其中的某种独特的对生命审美的表达——凄凉的寂寥、苦闷和压抑，乃至一种对生活的深深绝望……你会被这独特的艺术风格散发的灵韵所触动，从而热泪盈眶。

可以说在一开始，文化艺术的创作有着强烈的自由度和纯粹性，

● ● 凡·高《星空》

●●● 凡·高《麦田里的乌鸦》

每一个艺术家都是独一无二的,每一个作品都有其独特的美感。艺术作品有着自律性——不受制于其他规则的摆布。艺术家通过艺术作品,表达的是对自由的纯粹追求,以及对世界之"真"的向往。

但到了文化工业阶段,情况发生了变化。

文化工业产品:他律性

"启蒙理性"促使科技飞速发展,资本主义工业水平提升。当人们对资本利润的追逐成了社会发展的大方向时,文化领域也必然会受到侵蚀。

文化艺术逐渐与商业结合。技术被广泛应用于文化生产领域,文化作品被大批量机械化复制。整个过程就像罐头厂生产罐头一样,在机器工业化的流水线作业下,一瓶又一瓶一模一样的罐头被批量生产。只不过此时"躺"在机器上的不是"罐头",而是"商业电影""音乐唱片"和"畅销文学"了。

一旦走到这一步，批量模式化生产出来的文化作品就不再是艺术作品了①，原有的艺术之"真"的灵韵一下子消失了。因为这些量产的文化作品要受制于市场的安排，要听命于商业规则的运作，要接受来自大众消费的考验，这就是文化工业生产出来的文化作品所具有的他律性。

在文化工业背景下，创作者的创作动机不再纯粹，创作者的自主权也逐渐被削弱。创作者无法完全凭借自己的内心意愿进行创作，受制于市场反馈，创作者要根据大众的口味和喜好进行创作风格的调整。大众喜欢什么就创作什么——大众喜欢快乐就要去制造快乐，大众需要悲伤的情绪就去制造悲伤感，大众需要眼泪就要营造让人伤感的意境。这样的创造过程需要经过精心策划，按照统一的模式和套路进行，最后的目的是——创作者交付出可以让大众欣然接受、乐意买单的文化商品。

在文化工业阶段，文化艺术似乎就此堕落。

文化艺术的崇高性被商业化的规则"踩"在脚底。创作之初，制作方首要考虑作品能否产生利润以及用什么精湛的技法获取最大的利润，此时创作者的出发点已扭曲。那些本来就有着原真性的文化艺术作品，沦落为一种迎合大众的、可机械复制的文化商品，且每一样文化商品都必须接受来自市场的拷问。文化产品丧失了艺术本应具有的独特性，从而变得标准化和同一化。

---

① 因为此时的文化作品不再是创作者自由创作的结果，也不再是独一无二的艺术品。

06 文化工业：社会统治权力的化身

从表面上看，文化工业与众多其他工业领域的模式并无不同，都是以标准化的流水作业方式生产、制作产品，而后将其投放市场供受众购买。

但是，为什么文化工业以"制作文化产品供大众消费"这个看似和其他领域一样的工业流程，就可以完成其他工业领域无法完成的任务，实现统治者的统治权力关系的建构？为什么是将文化产品，而非其他领域的产品输出给大众的商业行为，就可以完成统治者对大众的控制？文化工业究竟何以沦为意识形态的工具？

我们可从文化工业的同一性特征以及内部运作机制——制作方与受众方等维度进行剖析。

文化工业的特征：同一性

什么是"同一性"①，它的深层逻辑是什么？

---

① 对"同一性"的理解，将有助于我们把握文化工业与启蒙理性、社会秩序和统治权力之间的内在关联。

"同一性"的思维模式贯穿于整个传统哲学——从古希腊到黑格尔阶段的哲学发展之中。传统形而上学的任务便是从"多样"中概括总结出"同一"的东西，从变化中去探寻永恒不变的东西，然后以"同一"的本质作为根本法则统摄所有现象。

同理，文化工业正是"同一性"思维模式下的产物，对"同一"的追求已经被先行植入于文化工业的发端之初。文化工业交付出来的文化产品，表面上看似多样而丰富，但本质上它们是齐一化的，是大写的"同一文化"的具体展现。所有的文化产品，最终要表达与指向的目标都是同一内容，即社会的内在秩序和规则。

可以说，文化工业自发端之初就以社会秩序和规则为导向，再往深里说就是以"权力"为导向，以人对人的权力关系的建构为目标。可见，文化工业自发端之初就已蕴含扭曲的要素。

这个逻辑是不是有点似曾相识。我们前面介绍"启蒙理性"的发展逻辑时曾说到，"启蒙理性"自发端之初就以"权力"为导向，"启蒙理性"自一开始就已扭曲。人通过"启蒙理性"构建一套科学的系统，实现对自然的掌控。当世界上所有的内容都被纳入这个系统之中时，人对自然的统治权就被建构起来了。

人对自然的统治必然延伸到人对人的控制。那么，人对人的控制如何实现呢？同样也要建构一套系统的、能被大众普遍认同的、具有普世价值的社会秩序和规则系统。当所有人都被纳入这套社会的秩序系统，按照既定规则行事时，个体性将被逐渐消解：每个人不再具有敏锐的思考力，不再"反抗"什么，都将乖乖听命于这套社会系统和规则的安排。每个人只能作为系统之中的普通一员而存在，没有特殊性可言。最后，人被"控制"住了，统治者于大众的统治权也被确立起来了。而文化工业正是建构这套社会秩序和规则系统的方式。

所以说，文化工业自发端之初就已担负起"建构、维持社会秩序"的使命，文化工业自一开始就已扭曲。文化工业的内在逻辑与启蒙理性的逻辑有着内在一致性。

到这里我们就能理解，在《启蒙辩证法》中为什么要先阐述"启蒙理性"，而后阐述文化工业的原因了。因为文化工业就是"启蒙理性"的化身。看似多样的文化产品，在生产之前就已经被先行植入了"同一性"原则，在文化工业发端之初就以维持现行的"社会秩序"为目的，就以"社会统治权力"为导向。

从表象上看，文化工业是一个"生产丰富多样的文化产品供大众消费"的过程，但实际上文化工业输出的是一整套的社会秩序和规则系统。文化工业承担起"中介"的作用，将掌管资源的统治者和与资源绝缘的普通大众紧密链接。

文化工业是"工具理性"延伸到文化领域的一种体现，其运作的终极目的就是回归于"权力"这一关键要素。而"同一性"的思维在整个过程中，起到了统领性的作用。

资本主义垄断时期：生活方式的单一化

当然，我们理解文化工业的"同一性"特征，还要结合《启蒙辩证法》的写作背景，即资本主义从自由阶段发展到了垄断时期去理解。

《启蒙辩证法》中有一段话是这么说的:

> 正因为城市居民本身就是生产者和消费者,所以他们为了工作和享受,都搬到了市中心,他们的居住单元,也都聚集成了井井有条的住宅群。宏观和微观之间所形成的这种非常显著的一致性,恰恰反映了人们所具有的文化模式:在这里,普遍性和特殊性已经假惺惺地统一起来了。在垄断下,所有大众文化都是一致的,它通过人为的方式生产出来的框架结构,也开始明显地表现出来。①

也就是说,资本主义经济上的"垄断"阶段,必然导致人们生活方式的单一化。人们开始住进城市公寓,开启了丰富多彩的都市生活。但万家灯火的背后,你会发现每个人的生活方式都是单调齐一的。没有特殊性可言,每个人的生活都一样。

而生活方式的同一化,就是当时内在的社会秩序的特征。而统治者要维持这样的社会秩序,就要不断地对人们同一化的生活模式予以强化。因为唯有这样的"同一化"才可以维持资本主义垄断经济的发展。

文化工业充当了这个角色,在"同一性"思维模式的影响下,文化工业交付出来的东西,对"单调齐一的社会秩序"起到了稳固作用。

其实,理解好"同一性"非常有必要。当你从整体上理解了文

---

① [德]马克斯·霍克海默,西奥多·阿多诺.启蒙辩证法[M].渠敬东,曹卫东,译.上海:上海人民出版社,2006:108.

化工业的内在逻辑后,再去理解文化工业具体的运作时就会容易得多。因为,具体的手法所指向的目的都是一致的。

接下来我们将深入细节,从制作方的角度挖掘文化工业的运作机制。

07
文化工业大骗局（上）：被操控的情绪

文化工业并非以野蛮的方式，如强行灌输方式，而是经过美丽的"包装"后以一种非常文明和理性的方式来实现对大众的统治。大众沉浸于这层面纱的美丽一面，沉浸在这些花里胡哨、五光十色的文化产品所呈现的感觉中无法自拔。

这个看似理性和文明的方式，具体表现为"自动化的反应机制"[①]。

制作方：自动化的反应机制

自动化

什么是"自动化"？我们从常识切入，全自动洗衣机的模式就是自动化的运作模式：某个规定好的程序被事先写进洗衣机的芯片，

---

① "自动化的反应机制"是笔者对《启蒙辩证法》中文化工业内容所做的理解与阐述。旨在通过这个概念，我们可以更加生动地理解文化工业的本质。

当人触发开关后,洗衣机便自动运转起来。

同理,文化工业构建自动化的反应机制:制作者通过精确计算与设计,将一套先行的秩序和理性原则植入文化作品;普通大众通过消费文化商品,便不自觉地进入这套自动化的系统,即大众产生的反馈——喜怒哀乐的情绪,批评、赞美乃至于有可能采取的行动,等等,都是按照制作方事先的设计与安排而自动地发生。大众逃不出这套系统,且每个人的反馈都是真心的自然流露。这就是文化工业在"同一性"模式下表现出来的一套自动化机制。

大家一定都有过看电影的经历。当你看枪战大片时,你会感到紧张、刺激和震撼;看青春文艺片时,你会情不自禁地伤感落泪;看灾难片时,你会不由地感到恐惧,会对生命产生敬畏之情。电影把你带入一个特定的情境,你所有的反馈都是身不由己的自然流露。

从文化工业批判的角度来说,你看电影时所产生的情绪反馈,在电影开拍之前就已经被制作者精心策划与设计好了。什么时候让人感动落泪,什么时候让人心跳加速,什么时候让人愤怒,什么时候勾起人们淡淡的忧伤情绪……这些都早已被电影制作方加以精心计算。电影产业只不过是按照已经制定好的程序展开运作,观众在观看电影时便自动地被"卷"入这套程序里。

我们不禁要问:经过制作者精心策划与设计的作品应该会留下"人为的痕迹",给观众以"刻意"的感觉,但实际上文化作品却以十分"自然"的方式打动观众,观众的情绪反馈也是"自然而然"地发生。那么,如何使观众不知不觉地,即自然地进入制作方营造的气氛里?这就涉及制作者对制作细节的把控问题。

制作细节专业化

文化工业领域的制作方都是专业人士,他们的本职工作就是对制作技术和细节予以专业的把控和计算,他们凭借娴熟且高超的制作技艺制作出看似"自然"的作品,从而使观众"自然入戏"。

比如,在电影产业里有导演、编剧、灯光师、摄像师、演员等分工,每一类专业人士吃透自己领域的业务细节,将制作技巧化为固定的模式与套路。在精湛制作技艺以及模式化套路的加持下,制作团队制作的电影作品便表现出"自然"的状态,没有了"人为的痕迹"。而如果你去欣赏非专业或演技欠佳的演员表演时,就会有"出戏"和"不自然"之感,就是这个道理。

当观众身临其境地融入电影的气氛中,便会跟随剧情的演绎时而哈哈大笑,时而悲伤落泪。在不知不觉中,观众便陷入这套"自动化的反应机制"里了。

被计算的文化商品

文化工业的主人在进行商品生产前,就已经先行地进行了设计。所有展现于大众面前的文化作品都是已被策划、加工、渲染过的文化商品,所有展现出来的作品都是细节模式化的产物。大众所接受的正是经过"处理"的价值理念。

可以说,文化工业就像一台复杂的机器,它自身按照一个事先设置好的程序进行运作。制作者的制作技巧要受制于这套程序,普通消费者的反馈,乃至其需求本身,也受制于这套程序的控制,仿佛一切都被安排好了。只要文化工业这台大机器不停止作业,作为一个个小齿轮的普通大众就一直会被机器带动起来自动运转,根本停不下来。

你觉得自己自然地流露着快乐、愤怒、悲伤、愤怒等情绪,殊不知在这一切发生之前,它们就已被精确地计算好了。正如霍克海默与阿多诺所说:"从根本上来看,虽然消费者认为,文化工业可以满足他的一切需求,但是从另一方面来看,消费者认为,他被满足的这些需求,都是社会预先设定的,他永远只是被规定了需求的消费者,只是文化工业的对象。"①

总体而言,文化工业体现出来的正是理性精神,这套"被规定""被计算"的系统本身就极具理性色彩。文化创作者无法自由创作,需要将受众方的可能反馈纳入创作思路中,并且,在对传播效果精准计算的基础上才开始进行创作,而制作者已对结果有所预判,一切都在制作者的掌控之中。文化工业期望建构的正是这样的掌控系统,而这样的系统正意味着某种"统治权力"。

《启蒙辩证法》对资本主义社会的揭露是赤裸裸的。发达资本主义社会弥漫的文化工业氛围,其背后却映射出人对"统治权力"的终极渴望。统治者好似一个高高在上的隐士,看人间冷暖,看世间变幻,只是这一切都早已被精心地策划安排,一切都逃脱不了统治者建构的掌控系统。

---

① [德]马克斯·霍克海默. 霍克海默全集(第4卷)[M]. 法兰克福:费舍袖珍出版社,1988-1989:167.

08 文化工业大骗局（下）：娱乐至死

当文化工业系统将作品推送于观众（受众）面前时，受众方的反应如何呢？

有人可能会说，受众有拒绝购买文化消费品的权利。但实际情况是人们非但没有拒绝，好似还特别享受文化消费的乐趣。人们看商业电影、听流行音乐、看时尚杂志、欣赏娱乐节目……这些已然成为日常休闲生活的常态，大部分受众对这套文化工业系统是予以认可的。

那么，文化工业到底如何影响受众，受众是否对文化商品本就有着内在的需要？接下来，我们将通过对文化工业中"娱乐系统"的分析探寻答案。

文化工业—娱乐系统

《启蒙辩证法》中明确表示："文化工业还依然保留着娱乐的成

分。文化工业对消费者的影响是通过娱乐确立起来的。"①

说到"娱乐",大家并不陌生。"娱乐"与"快乐、轻松"的感觉直接挂钩,娱乐活动可以愉悦人的身心。可以说,文化工业最终要建构的正是一套娱乐系统,生产文化产品的目的就是要让受众感到快乐,忘却烦恼。

而从根本上说,文化商品之所以有市场,大众之所以愿意去消费,是因为受众对"娱乐"本身有着内在的需求。受众需要找到一种情绪的释放方式和一种精神的解脱途径。

那么,好端端的人为什么要寻找解脱?是不是因为人本身受到了什么压抑?这就要结合写作者写作时的社会环境去理解。

《启蒙辩证法》中提到:"晚期资本主义的娱乐是劳动的延伸。人们追求它是为了从机械劳动中解脱出来,养精蓄锐以便再次投入劳动。"② 也就是说,在当时发达的资本主义社会里,在机器化的工业生产模式下,人们每天要进行机械化、重复性的劳动,人们处于被奴役的状态并对此深感厌恶。劳动过程不再是一个快乐的自由的过程,劳动成为实现某些其他目的——生存的手段。人们特别希望从这种机械状态里解放出来,去寻求自由与快乐,去找寻解脱与刺激。

因而,人们对"娱乐"本身有着内在的需求。而文化工业生产出来的文化商品,正好满足了人们的需要,文化商品的娱乐属性填补了人们对娱乐需求的空白。在工作之余的闲暇时光,人们可以去

---

① [德]马克斯·霍克海默,西奥多·阿多诺.启蒙辩证法[M].渠敬东,曹卫东,译.上海:上海人民出版社,2006:123.
② 同上。

看看电影、听听音乐，在嘻嘻哈哈的笑声中，彼此消解着疲惫。

这里需要注意，"早在文化工业出现以前，娱乐和文化工业的所有要素就已经存在了"。① 但为什么经由文化的工业化生产后，娱乐体系就成为了控制大众的手段呢？

娱乐：对大众的欺骗

娱乐系统所具有的欺骗功能，正是文化工业沦为意识形态操纵工具的原因所在。

娱乐的消遣气氛——对反抗的逃避

电影、流行音乐以及戏剧演出等文化形式，通过营造一种娱乐的消遣氛围使人感到快乐。而"快乐意味着什么都不想，忘却一切忧伤。根本上说，这是一种孤立无助的状态。其实，快乐也是一种逃避，但并非如人们认为的那样，是对残酷现实的逃避，而是要逃避最后一丝反抗观念。娱乐所承诺的自由，不过是摆脱了思想和否定作用的自由"。②

也就是说，文化工业营造的氛围使人们不自觉地放松警惕。人们只需沉浸于眼前的作品，头脑里不必思考现实的种种问题，以此便可释放压抑已久的各种情绪，包括痛苦、忧伤、愤怒甚至极端的

---

① [德] 马克斯·霍克海默，西奥多·阿多诺. 启蒙辩证法 [M]. 渠敬东，曹卫东，译. 上海：上海人民出版社，2006：121.
② [德] 马克斯·霍克海默，西奥多·阿多诺. 启蒙辩证法 [M]. 渠敬东，曹卫东，译. 上海：上海人民出版社，2006：130.

反抗。

文化工业就像麻痹的药剂一样,对人有镇定安神之效;文化工业也如一个"温情的杀手",让人在愉悦中忘掉烦恼,逃避恶劣现实。

文化工业的过滤——思考力的丧失

所谓"文化工业的过滤"是指制作人对文化产品进行的"加工"——对"植入什么元素、安插什么细节、表达什么思想以及可能起到的传播效果"等问题予以精确计算。

从哲学上来说,"文化加工"的过程可看作制作人对世界的感性杂多予以重新整理的过程。制作方会先整理一遍内容,把希望受众看到的部分留下,把不希望受众接触的内容过滤掉。而"加工"这个操作本身就已先行包含制作方对世界的理解,由此生产的作品便被植入了制作方想表达的内容,或是一个理念、一种规则,甚至是某种价值体系。

恰恰是这道文化工业的"过滤"工序,对受众产生了致命的问题。它帮助受众省略了一个关键步骤——对世界的感性杂多进行整理,从而促使受众逐渐丧失思考能力。

想想看,一个人认识世界的过程本应该是这样的:人投身于世界去接触真实发生的事情,从世界的感性杂多中整理、探寻其背后的本质规定性。人运用思维能力从众多现象中把握核心本质,作出自己的判断。也就是说,这个过程需要人们自己进行思考才能得以完成。

但现在的情况是,文化商品帮大众省略了这个本应该由人运用思维对感性杂多进行整理的过程。制作方已经把一切整理(过滤)

好了，受众不用再绞尽脑汁思考什么、反思什么，只需乖乖地坐在屏幕前观看并接受作品所呈现的内容，沉浸于娱乐气氛里即可。并且，受众还会产生这样一种感觉：以为屏幕里呈现的画面就是真实的世界，以为作品中所呈现的内容就是生活与世界本身①。而这样的感觉又加强了受众对作品的接受度。

如此，人的思考力逐渐丧失，人的个体性逐渐被消解。到最后，大家都一样，每个人都听命于这套文化工业体系输出的价值体系。

你也许会质疑，世界上总有一些有个性的人存在，并非所有人都一样。正如《启蒙辩证法》里所说，的确还是有"留着小胡子、带着法国口音、操着低沉的女人腔、带有卢卑奇（Lubitsch）的风格"的人，但"每个人手里拿的身份证却都是一样的"。② 也就是说，这些所谓的个性都必须被统摄于社会整体秩序和体系之内，一旦这些个性超越于社会秩序和系统的运作，就会被予以清除。

娱乐至死

随着文化工业的不断发展，最终便会导致"娱乐至死"的结局。这里的"死"不是指人的生命之死，而是大脑的死亡、思考力的死亡。

人们接受的是经过处理与过滤的内容产品，人们越来越懒惰而更愿意享受这顿摆在面前的、已调好味道的精神大餐。人们整日沉

---

① 因为有大量的专家人士事先已经做足了功课，通过对制作细节的把控，让屏幕呈现出的内容显得"十分自然"，不留下"人为的痕迹"。
② ［德］马克斯·霍克海默，西奥多·阿多诺.启蒙辩证法［M］.渠敬东，曹卫东，译.上海：上海人民出版社，2006：140.

浸于"嘻嘻哈哈"的享乐氛围里不能自拔,笑声吞噬了凝神思考,最终也会吞噬一切。人的思维能力被逐渐消解,人们不再反思什么,更不必反抗什么,因为所有情绪都可以找到释放的出口。

文化工业的主人以普遍性统治了特殊性,普通大众变得同一而没有个性。文化工业系统最终营造出一个没有自由可言的社会,正如《启蒙辩证法》里所说:"人格所能表示的,不过是呲呲牙、放放屁和煞煞气的自由。"①

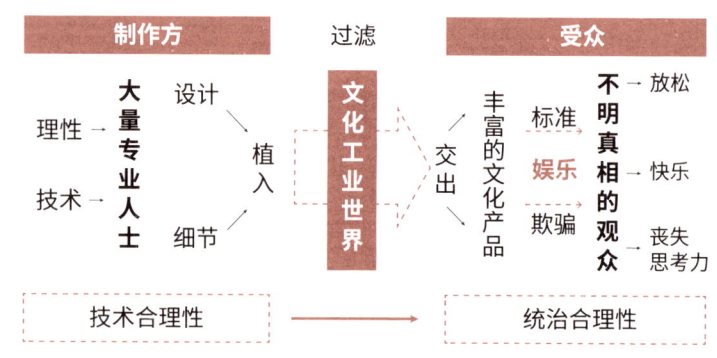

● ● **文化工业"大骗局"的整体逻辑**

---

① [德]马克斯·霍克海默,西奥多·阿多诺.启蒙辩证法[M].渠敬东,曹卫东,译.上海:上海人民出版社,2006:151.

09 文化工业：一个巨大的广告系统

文化工业的"欺骗"究竟何以长久地持存下去？

除了付费的文化商品外，市场上还存在很多免费的内容，如收音机广播节目、电视新闻等。那么，人们只要不选择付费内容，不进入文化消费领域，而只选择免费的内容，不就可以摆脱"被骗"的困局吗？免费的文化内容又是如何影响受众的呢？

免费内容对受众的影响

我们不妨回到《启蒙辩证法》写作的年代，以收音机为例进行理解。

收音机广播的最大特点是具有"伴随性"。我们打开收音机，广播节目便会随即播放。无论你做什么，声音总会一直伴随着你。至于其内容是新闻、音乐还是相声，你的大脑不用对其做出甄别与判断。它播放什么，你的耳朵就听什么。

长此以往，人们便会养成这样的习惯：对这样的媒介技术以及经由如此媒介技术传播的内容，都保持"自然默许"的态度。因为内容可以免费获得，人们也就不再对内容本身有所期待与反思。媒介技术及其内容在人们心中也渐渐地具有了"客观性"的存在属性。人们不再抗拒，而是默许了这一切的发生。

在收音机的另一头，播音员按照早已准备好的稿件进行播报，人们接受的免费内容其实也是被编排、策划过的内容。如《启蒙辩证法》所说："在官方广播中，人们从公共生活那里形成的所有自发性都受到了控制，都受到了训练有素的监听者、视听领域的竞争者以及各种经过专家筛选的官方广播节目的影响。对那些很有才干的节目制作人来说，早在他们借助工业把自己展现出来以前，他们就已经把自己划入到工业范围以内了，否则，他们不会如此投入地从事这项工作。"[1]

可见，免费内容虽不以牟利为目的，但却深深地影响着每一个人，对大众予以自然的"欺骗"。

文化工业与广告

人们一旦投入日常生活，就必然会被扑面而来的文化信息[2]包围而无法抽身，这种感觉犹如生活在一个被广告包围着的系统中。

---

[1] [德]马克斯·霍克海默，西奥多·阿多诺.启蒙辩证法[M].渠敬东，曹卫东，译.上海：上海人民出版社，2006：109.
[2] 既包括以牟利为目的的文化商品，也包括具有伴随性的非牟利的免费内容。它们将对每一个普通人都产生深远影响。

可以说，文化工业的实质便是一个巨大的广告系统。文化工业与广告的运行机制，都具有着内在一致的大众欺骗性。

现代社会中，商业广告①是如何欺骗大众的呢？我们可通过语言的"所指"和"能指"两个概念加以理解。

比如，你为一个咖啡品牌做广告。如果你撰写的广告语是对咖啡产品本身进行的描述，如产地、味道、特色等，那么这样的广告语就停留于语言的"所指"层面；如果你将咖啡赋予除商品以外的其他意义，如喝咖啡代表一种小资的生活方式，此时咖啡便被视为某种生活方式的符号了，那么，对商品附加价值的描述就是语言的"能指"层面。

为了牟利，广告主会夸大其辞，在"能指"层面赋予商品更多的意义与符号。商品因此被过度"包装"，被赋予了更多可能性。这就会导致消费者沉浸于语言"能指"营造的意义与符号世界，从而被诱惑不断买单。广告的欺骗性就体现于此，广告的功能已不仅限于介绍产品本身，而是拓展到传递超出商品以外的价值和意义。

同理。表面上，文化工业系统生产的是具体的作品，如一部电影、一首歌或一本畅销书，但实际上它想借此推送给受众的是加之于作品以外的意义与符号系统——作者要表达的思想、传递的价值以及最深层的统摄于生活的标准化规则。

文化工业最后的目的，是希望受众对标准化的生活规则、社会规则予以认同。那么，这何尝不是一种欺骗？文化商品采用广告的欺骗模式获得大众对规则的认同感，从而确立大众对统治权力的认

---

① 街边店铺的广告牌、墙壁张贴的电影海报、电视里的视频广告等都是商业广告的形式。

同。最终，文化工业沦为了意识形态的操控工具。

对现实生活的自然复制

文化工业的主人如何巧妙地让大众欣然接受隐含在作品背后的这套内容呢？恰恰是通过作品本身所呈现的"对现实生活的自然复制"之态来达到。

文化工业的主人并非以渲染乌托邦的极乐世界为初衷，而是老老实实地去刻画生活本身——运用技术化与艺术化的手法把现实生活本来的、真实的、自然的样子复制出来，搬入大屏幕。

通常来说，一部好作品的重要标准就在于其是否对现实有着真实的反映。人们之所以会被电影感动，无非是电影表达出了人的真情实感——或是悲苦的命运、凄惨的遭遇，抑或是胜利的喜悦、对真善美的向往……人们都能从中找到自己生活的剪影，也可以从电影角色中看到自己。

当人们很自然地在作品里看到"生活本来的样子"时，便会自觉发出感叹：是的，这就是生活！

经由这个过程，人们便被逐渐强化地相信这样的理念：生活就是这样的。生活本身拥有着绝对的意义，是不可被超越的。无论人再怎么"能"，都无法挣脱生活本身对自身的束缚。那么，生活本身中的那个最绝对的东西是什么？便是生活的内在规则以及社会的内在规则。最后，人们便不知不觉地接受了规则对人的控制。

这就是文化工业的高明之处，也是它的诡计所在。

文化工业并没有强迫人们一定要接受什么,制作方也只是通过专业手法将自然的真实生活复制(创作)为文化作品,从而传递出"生活本就如此"的理念①而已。但正是这样的操作,使得人们产生了对"绝对生活意义"的认同。而一旦人们对"绝对的生活"予以认可,其实也就等于认可了隐藏其背后的生活规则乃至社会规则。

文化工业用广告手法,传递出了超越作品本身的内涵。它不断告知人们生活的真相,但实际上却是借以强化人们对生活的绝对意义以及社会的标准化规则的认同。最后,人们不得不进入这套意义和符号系统,受其控制、任其摆置。但一切又显得好似是人自愿为之的,一切的发生都是顺其自然的。

文化工业实质上就是一场"骗局",只不过它太过温柔,没有暴力与野蛮色彩,以至于让人难以察觉。

要么接受,要么出局

当文化工业与广告合流后,最终便会营造出这样的氛围:现代人,要么进入生活、进入人生的游戏中,接受这套规则与意义系统,从而获得各种身份更好地活下去;要么就被生活彻底抛弃,被规则系统彻底排除在外,彻底出局,最后丧失所有。

现代人已丧失自由,没有选择的余地。因为人是类成员,而不是一个个鲜活的、带有个性的个体。每个人都一样,都只是作为被

---

① 人们之所以自动接受这样的理念,是因为人们在文化作品中确实真切地感受到了"这就是生活"的真实样子。

社会规则统摄下的一个个小分子。

想想现实生活，大家或许会有同感。人要生存下去，就必须遵守一套生存法则，要工作、挣钱、结婚生子、养家糊口，于是人在无形中就会被众多的规则系统钳制住。人必须进入各个领域的规则系统中，才可能获得相应的身份，以此才能更好地生活。

而人们又心甘情愿地被规则控制，因为人们会认为，在接受规则的层面上，每个人都是平等的，每个人都有资格接受来自规则的拣选。

媒体报道中总会有各类励志故事，比如某某企业家出身贫寒，经过不懈努力成为商界精英，从而腰缠万贯。文化工业对励志故事的渲染、对"成功"本身的复制，不过是在给人强加一种信号：只要你努力奋斗、坚持付出，你也可以和故事里的人一样成功，你也可以和他们一样成为精英。当你深受鼓舞，努力付诸实践时，便会不自觉地成为了这套规则的践行者。

对《启蒙辩证法》的反思

《启蒙辩证法》的整体基调略显悲观。霍克海默与阿多诺对资本主义社会的负面影响乃至整个人类文明发展史的思考、对启蒙理性所带来的现代世界的批判、对文化工业本质的赤裸裸的揭露、对人的无限膨胀的权力欲望的反思等，多少都带有极端色彩。他们似乎认为现代性问题已无药可救。

不过就当下而言，"启蒙理性"当然有值得肯定的一面。现代科技给人带来了生活的便捷，文化工业也丰富了人们的休闲生活，给人带来快乐，我们不能将其一棒子打死。

批判启蒙理性与文化工业，并不意味着我们要因此回到原始社会、抵制一切技术，而是说我们要通过批判理性，从而更好地进行理性批判，让理性回归多维度的理性，因为人不应该缺少反思和批判的能力。

霍克海默与阿多诺对"启蒙理性走向自我毁灭"的反思，也恰恰证明了对"启蒙理性"本身具有的反思能力的守护。作为现代人，我们应该具有这样的批判性思维，这是对哲学自我批判思维的守护，也是对自由本身的守护。唯有如此，我们才能在物欲横流的世界里从容淡定，不迷失。

10 马尔库塞：单向度的人

赫伯特·马尔库塞（Herbert Marcuse，1898—1979年），德国裔美国哲学家、社会学家和政治理论家，法兰克福学派的一员。他主要研究资本主义和科学技术对人的异化，代表作有《理性与革命》《单向度的人》。

激进哲人马尔库塞

1898年7月，马尔库塞出生于德国柏林的一个资产阶级犹太家庭。年轻时，他曾加入德国社会民主党，受到马克思主义的影响，而后退出政治舞台转向学术研究。

1919年，马尔库塞先后进入柏林大学和弗莱堡大学学习哲学，在海德格尔的指导下获得哲学博士学位，随后进入法兰克福社会研究所工作。1934年，他因受法西斯迫害而流亡美国。

马尔库塞是法兰克福学派里著名的左翼代表人物。他结合马克思主义与弗洛伊德主义的相关理论，吸收了黑格尔、海德格尔以及阿多诺等人的思想，他的观点具有很强的激进色彩，对发达的资本主义工业社会予以最猛烈的、不留情面的、革命性的批判。《单向度的人》《爱欲与文明》《苏联的马克思主义》以及《反革命与造反》便是他的代表作品。

20世纪60年代末，马尔库塞积极支持学生的造反运动。他不但给学生提供精神的武器，还亲自参加示威静坐等活动，因而他被誉为"左派哲学家""青年造反者的明星和精神父亲"，他与马克思、毛泽东并称"3M"。

马尔库塞到底提出了什么观点？我们将从"单向度的内涵""单向度社会形成的原因"以及"本能革命"这三个维度对马尔库塞的哲学观点进行解析。

单向度的人与社会

20世纪以来，资本主义社会进入一个新的发展阶段。随着科技飞速发展，工业文明产生了巨大的社会效益。劳动生产率不断提升、社会财富不断增加、人们的生存条件得以不断改善……这个发达的工业社会看上去是越来越富裕了，社会机制也越来越健全，每个人都在享受着现代社会带来的各种福利。

但在马尔库塞看来,这个看似美好、健全的发达资本主义社会其实是一个病入膏肓的社会。如《单向度的人》这部著作的译后记所说:

> 《单向度的人》是马尔库塞最负盛名的一部力作。这部著作的中心论题是:当代工业社会是一个新型的极权主义社会,因为它成功地压制了这个社会中的反对派和反对意见,压制了人们内心中的否定性、批判性和超越性的向度,从而使这个社会成为了单向度的社会,使生活于其中的人成了单向度的人。①

通俗来说,向度可以理解为方面、维度的意思。多向度意味着多元化、多方面。那么,多向度的社会则意味着社会有很强的包容性,可以允许不同的声音和意见出现;多向度的人则意味着人是丰富的人、有着各种各样想法的人。

但马尔库塞揭露发达资本主义社会并不是一个多向度的社会,不是一个开放的、有包容性的社会,而是一个"单向度的社会"——只有肯定的向度,没有否定的向度的社会。发达资本主义社会是一个极权主义的社会,不允许有反对派和反对意见,所有不利于社会统治秩序的声音都要被压制,所有具有否定性、批判性和超越性的思想都要被排除在外。

那么,生活在这个社会中的人就是"单向度的人"。人的思想

---

① [美]赫伯特·马尔库塞.单向度的人:发达工业社会意识形态研究[M].刘继,译.上海:上海译文出版社,2008:205.

只有一个向度——对当前社会的统治秩序予以肯定。人们丧失了对社会进行批判和否定的意识与能力。

这就是马尔库塞对发达工业社会的意识形态进行批判的核心要义。看似发达的、欣欣向荣的资本主义社会，其实质是一个新型的极权主义社会。整个社会就如同一台巨大的运转机器，作为机器上的小零件，每个人必须跟着这台机器不断运转。

11
马尔库塞：
对科学技术与文化工业的批判

基于对"单向度社会"的理解，我们不禁要问：西方发达的资本主义社会不是提倡民主和自由吗，其怎么就成了单向度的极权社会了呢？

一种新型的极权统治

马尔库塞认为，发达的工业社会采取一种"新型的极权统治"方式，它以非暴力、非冲突、非政治化的手段为人们营造出一种美好的生活图景。当人们遵从这样的生活方式就可以获得幸福时，每个人便会不自觉地服从于这样的统治秩序。人们就像身处一个温柔之乡，逐渐丧失政治反抗的意识。

从表面上看，发达的资本主义社会是极其民主与自由的，但其背后却是不民主和不自由的，其政治话语体系也是极其封闭的。

那么，这种"新型统治方式"的具体操作手段是怎样的，其内在逻辑是什么？为什么它可以实现对人的"单向度"的塑造？如此病入膏肓的资本主义社会，何以保持超稳定的运行状态？

接下来，我们将从马尔库塞对科学技术和文化工业的批判加以剖析。

科学技术不再中立

科学技术的迅猛发展为发达的工业资本主义的发展提供了先决条件。我们不妨来说一说"技术"这件事。

按照传统观念理解，"技术"应该是中立的工具和手段。技术本身不具有价值倾向性，技术的价值体现于人们对它的使用中。但发达的工业社会逐渐改变了这种"技术中立"的观点。技术不再是中立的，而变为一种新的统治形式，对人予以意识形态的控制。

在马尔库塞的年代，技术的发展为资本主义带来了一个最为显著的变化——生产方式更加机械化和自动化。

这将意味着什么呢？

马尔库塞说："机械化不断地降低着在劳动中所耗费的体力的数量和强度"[1]，"对于更发达的自动化工厂，体力转变为技术和思维技巧的特点更加突出"[2]，"发达资本主义愈益完善的机械化劳动却在改变着被剥削者的态度和地位"[3]。

---

① [美]赫伯特·马尔库塞.单向度的人：发达工业社会意识形态研究[M].刘继，译.上海：上海译文出版社，2008：21.
② [美]赫伯特·马尔库塞.单向度的人：发达工业社会意识形态研究[M].刘继，译.上海：上海译文出版社，2008：22.
③ 同上.

自动化的生产模式使生产效率得到提升,工人从体力劳动支出逐渐变为技术和技能的支出。工人不再是处于劳役重压下的牲畜,越来越多的工人成为了"白领",工人的地位得以改变,工人的自我感觉也越来越好。

且这种自动化的生产模式,使得工人逐渐形成了机械共同体的技术组织。这样的技术组织讲究的是团队协作,每个工人只有在团队中才能发挥自己的价值。因此,工人与工厂形成了更为紧密的依存关系。

工人阶级对立的情绪似乎有所缓和,阶级的差别看似呈现出平等化的趋势。工人可以和他的老板观看同样的电视节目,游览同样的旅行胜地,打字员也可以打扮得同她的雇主女儿一样漂亮。

阶级差别的平等化,日益显示出它的意识形态功能。因为工人阶级的自我感觉开始慢慢好转,加之因为科技的发展提升了工人阶级的生活水平,大多数工人都在享受着消费社会带来的舒适感。于是,工人们逐渐丧失反抗的意识。工人阶级与现存劳动制度对立的意识日趋消失,"工人阶级似乎不再与已确立的社会相矛盾"[1],工人阶级不再具有革命精神,而成为"沉默的大多数"。

总体来看,这套"新型的统治方式"的逻辑便是:技术发展—生产效率提升—生产更加机械化和自动化—工人由劳动支出变为技能支出—工人阶级,即被剥削者的态度和地位得以改变—阶级差别呈现平等化趋势—工人阶级逐渐丧失反抗的动力。

可见,技术理性以看似"合理的方式"对社会结构以及思想形

---

[1] [美]赫伯特·马尔库塞.单向度的人:发达工业社会意识形态研究[M].刘继,译.上海:上海译文出版社,2008:27.

态进行全方位的塑造，对人予以了全方位意识形态的隐式控制。因此，技术不再是中立的技术。技术理性塑造出的社会氛围，使得人们沉浸于"快乐"中无法自拔，人们最终丧失反抗力与批判力，只能乖乖地服从于技术理性的统治。

文化工业制造"虚假的需求"

马尔库塞认为，现代的资本主义社会的统治阶级特别善用大众传媒手段，如广播、电视、电影、报刊杂志、广告等制造"虚假的需求"，从而控制人们的生活。文化工业已经沦落为统治阶级的意识形态的统治工具。

那么，什么是"虚假的需求"？

比如，你对某个商品并不是特别需要，但因为一个诱人的广告，你脑子一热立刻购买了这个商品。那么，你对这个商品的需求就是通过传媒的手段制造出来的虚假需求，实际上你并非真正需要它，你只是受到了广告的诱惑而成为了被消费的对象。

在马尔库塞生活的那个年代，他早就发现了这个现象。各种广告的渲染、电视广播节目的引导不断地给大众强化着"高消费和高商品化的生活方式"，似乎只有这样的生活才配得上"品质"二字。

于是，长期处于如此传媒气氛中的人们，就会根据传媒信息塑造的生活理念来安排自己的生活。电视里的人如何穿衣搭配，自己也如何穿衣搭配；电影里的人如何在海边度假，自己也如何在海边

度假……正如马尔库塞所说:"人们似乎是为商品而生活。小轿车、高清晰度的传真装置、错层式家庭住宅以及厨房设备成了人们生活的灵魂。"①

那么,人们如何满足这不断膨胀的虚假需求呢?唯有更加努力地去工作挣钱,才能购买商品满足自己的需要。当大部分人一心投入工作后,便没有额外的精力去批判社会、做出出格的事情,于是反抗社会的情绪自然就被转移,反抗社会的冲动自然就被消解。每个人都会乖乖服从于这个社会的内在秩序。

在马尔库塞看来,文化工业要渲染的正是这样的社会氛围:被制造的"虚假的需要"不断牵引着人们的生活,人们把媒介输出的内容当作真理,并追随着被塑造出来的所谓品质生活。从此,人们对物质的欲求愈发膨胀,对精神的追求越来越淡化。而唯有更加投入地工作,人们才能满足这"虚假"的需求。最后,人们的价值观、理想甚至逻辑思考力都被社会流行的模式所规范,每个人都变为了"同一个人"。

这就是"新型的极权统治"得以展开的内在逻辑。科学技术和文化工业联手,从物质生产、消费、大众传媒、广告和精神文化等领域对大众予以了全方位的控制。在这种统治方式下,社会沦为了单向度的社会,人沦为了单向度的人。

---

① [美]赫伯特·马尔库塞.单向度的人:发达工业社会意识形态研究[M].刘继,译.上海:上海译文出版社,2008:9.

12
马尔库塞：爱欲与文明

面对资本主义社会发生的如此异化的现象，马尔库塞又提出了什么解决办法呢？

爱欲与性欲

马尔库塞吸收并改造了弗洛伊德的性本能理论，提出了自己的爱欲理论。他认为人的本质是生本能，即爱欲。

爱欲不完全等于性欲，它比性欲的范围更大，还包括其他各种追求快乐的欲望，是具有多种形态的生命本能的总和。爱欲活动的最高目的就是使人获得快乐。

比如，性活动可以使人快乐，吃一顿美食可以使人快乐，同样，看电影、读书、交朋友也可以使人快乐，所以性欲、食欲以及精神的欲求都是人的爱欲的体现。

爱欲与文明

马尔库塞对弗洛伊德的压抑理论[1]做了发挥,他认为:人类文明是对人的爱欲的压抑。马尔库塞区分了两种压抑:基本的压抑和多余的压抑。

基本的压抑

基本的压抑,通俗理解就是为了维持社会生存所产生的必不可少的压抑。基本的压抑是社会发展所必需的压抑。比如,在原始社会,生产力水平低,人们的生活水平更低,为了维持基本生活,促进社会发展,人类被迫以集体劳动的方式获得更好的生存。集体劳动的方式,在无形中迫使人们放弃本能的快乐以及自发性原则。

人类社会要谋求发展,就要对人的爱欲进行压制。这种情况下产生的压抑在一定意义上是必需的,也是合理的。

多余的压抑

随着生产力的提升,人们解决了物质匮乏的问题,人类社会进入"富裕的社会"阶段。这时,统治者为了维持某种统治形式而进行的社会控制以及对人的本能的压制,就属于多余的压抑。比如,制定出来的各种社会制度,用效率原则取代人们实现爱欲的快乐原

---

[1] 弗洛伊德曾提出这样的理论:文明是对本能的压抑,人类的文明史就是对人类固有的本能压抑的历史。

则等就是多余的压抑的体现。

在马尔库塞看来，整个发达工业社会的文明对人的压抑都属于多余的压抑。

这些外在的规定，只会让人们丧失快乐从而变得痛苦不堪。人们的生活变得十分紧张，无形中要承受更多的心理负担。

马尔库塞认为，多余的压抑是不合理的，这是一种对人性的摧残。

一场"大拒绝"的本能革命

既然整个发达工业社会的文明对人类造成了如此影响，马尔库塞又提出了怎样的解决办法呢？他提出了要进行一场本能结构的革命，即本能革命。

本能革命

本能革命意味着彻底解放爱欲的革命。每个人要尽情释放自我的本能，从压抑的状态中彻底解放出来，不要服从于技术，也不要追求生产效率。人们要去追求的是本能的快乐。

本能革命不是政治经济革命，而是一种心理学意义上的革命，它要改变人自身的心理结构，即人们要从心理层面改变对世界的看法。比如，你之前对一件事是保持肯定态度，现在要对其进行否定和拒绝。"本能革命"就意味着你要勇敢对现实说"不"。

大拒绝的态度

在马尔库塞看来,本能革命体现出一种"大拒绝"的态度。人们要对一切现存的东西进行完全、彻底的拒绝,人们要揭露资产阶级的假民主,拒绝服从暴君统治,要进行个体性暴乱,否定组织性和纪律性,从而表达出一种极端的反抗态度。

这颇有一点挑衅现存统治秩序的意味:要将一切造反者联合起来,对发达资本主义工业社会的一切现存东西进行彻底否定。

"马尔库塞的这种斗争策略在20世纪60年代曾被美国一些新左派具体化为反对一切'无意义工作'的'嬉皮士'运动。即一些出身于中上层家庭的青年,留着长发,穿着破烂或奇装异服,服用麻醉药品,离开家庭而群聚,以此表示对现代社会的反抗。"①

可以说,马尔库塞的这套"大拒绝"的方式,带有浓厚的无政府主义色彩和极端的个人主义色彩。在他看来,"只有混乱的、无政府主义的反对派,政治的和道德的、理性的和本能的反对派,拒绝参加罪恶的把戏,厌恶任何繁荣和任何强迫协议,才能毁灭这个制度"。② 因为这个制度既不能"容忍"又不能"压制"这些手段。

那么,通过如此极端的"大拒绝",马尔库塞希望达到一种什么样的结果呢?

他希望建立一个以"快乐原则"为基础的社会。人的解放最终回归于爱欲层面,只有当人的爱欲得以满足,人才能够获得真正的

---

① 马抗美,胡明,常绍舜,等. 现代西方哲学评介[M]. 北京:中国政法大学出版社,2003:220.
② 同上。

快乐。在这个理想社会中,没有多余的压抑,人们可以获得真正的自由,一切冲突、敌对以及反抗的情绪都消失了。

如马尔库塞所说,到那个时候,"道德和美学的需要变成基本的、生死攸关的需要,并走向两性之间、世代之间、男女和自然之间的新关系,自由被理解为根植在这些需要的满足之中,它们是激发美感的、伦理的和合理性的集于一身"。[1]

---

[1] [美]赫伯特·马尔库塞.反革命和造反[M].波士顿:波士顿大学出版社,1972:175.

13
哈贝马斯：
晚期资本主义社会的新特征

如果说霍克海默、阿多诺以及马尔库塞属于法兰克福学派的第一代代表人物，那么哈贝马斯则是法兰克福学派的第二代代表人物。

尤尔根·哈贝马斯（Jürgen Habermas，1929—今），德国当代最重要的哲学家、社会学家之一。历任海德堡大学教授、法兰克福大学教授、法兰克福大学社会研究所所长以及马克斯·普朗克学会生活世界研究所所长。1994年荣休。他同时也是西方马克思主义法兰克福学派第二代的中坚人物。

哈贝马斯的生平

1929年，哈贝马斯出生于德国。1949年起，他在哥廷根大学、苏黎世大学和波恩大学学习哲学、历史、心理学以及文学等专业。

1954年，哈贝马斯获得博士学位，而后到法兰克福社会研究所工作，担任阿多诺的助手。但因为与所长霍克海默的观点有分歧，他于1959年离开法兰克福社会研究所。

1961年，他在马堡大学获任大学教师资格。1961年至1964年，他在海德堡大学担任哲学副教授。1964年，哈贝马斯重返法兰克福社会研究所。1971年至1980年间，哈贝马斯担任马克斯·普朗克学会生活世界研究所所长。自1982年起，他担任法兰克福大学哲学教授，一直到1994年退休。

哈贝马斯是一位多产的哲学家，发表了诸多学术著作，《公共领域的结构转型》《认识与兴趣》《后期资本主义的合法性问题》《交往行为理论》《现代性的哲学话语》等都是他的代表作。

哈贝马斯的理论出发点

哈贝马斯作为法兰克福学派的第二代主要代表，并不是简单复述第一代理论家，如霍克海默、阿多诺以及马尔库塞等人的社会批判理论，而是在继承第一代社会批判理论的基础上，对其做了更大程度的修正与改造。

他并不赞成霍克海默与阿多诺对"启蒙理性"所持的全盘否定的态度。他认为第一代理论家的最大问题在于他们忽略了对"理性"的全面研究，而只是片面强调"工具理性"的批判向度，缺乏扎实的理论根基。

在欧洲后现代主义的氛围里，哈贝马斯是为数不多的捍卫启蒙

哈贝马斯的理论出发点	晚期资本主义理论
对 —社会批判理论→ 修正改造 独树一帜 捍卫启蒙理性主义	新特征：国家政权对经济和社会生活的干预增强 科学技术日益成为第一生产力
解决理性批判的规范性基础	意识形态的功能

●●● 哈贝马斯的理论出发点及晚期资本主义理论

理性和现代主义的代表。他认为，在进行理性批判之前，哲学家要先对"批判"本身予以重新审视，对理性予以全面研究——理性包含了哪些向度，对理性批判的规范基础予以界定等。他认为只有把这些工作做扎实了，才能进行下一步探讨。这就是哈贝马斯的理论出发点。

尽管哈贝马斯与第一代理论家存在分歧，但总体来说他仍然是法兰克福学派的成员之一。他与第一代成员观点的一致性体现在"晚期资本主义的理论"中。

晚期资本主义的理论

哈贝马斯认为，晚期资本主义社会已不同于马克思所生活的自由资本主义社会，出现了两个新的特征。

第一，国家政权对经济和社会生活的干预增强，必然保障了制度的稳定性。也就是说，由于国家政权对经济生活的干预，使阶级矛盾和冲突得到一定程度的缓解。此时，工人享受到更好的福利，其物质生活水平也有所提升，这就必然导致工人阶级丧失阶级意识与革命意识，丧失斗争与反抗的情绪。进而，发达的工业社会就不会因革命而解体，社会趋向更加稳定的状态。

第二，科学与技术之间相互依赖，并日益成为第一生产力。

科学与技术日益取得合法的统治地位，人们享受着科学技术的乐趣，并越来越屈从于科学技术的统治。科学技术已不仅是造福人类的生产手段，而是沦为一种意识形态的操控工具。

在哈贝马斯看来，科学技术具有双重功能，一方面是生产力，另一方面扮演了意识形态的角色。就这一点来说，哈贝马斯同马尔库塞以及其他法兰克福学派成员的观点具有一致性。他们都认为：当时的社会问题已经从政治和经济的领域转移到意识形态的领域，人们被某种外在的力量温情地控制着，人们的思想在不知不觉中被压制。

面对资本主义社会出现的问题，不同于马尔库塞提出的"大拒绝"的激进方式，哈贝马斯提出了一种改良的方式，即社会交往或交往行为理论，来解决问题。

14
哈贝马斯：交往行为理论

面对晚期资本主义社会出现的种种问题，哈贝马斯提出以"社会交往"或"交往行为"的方式来解决问题，那么该如何理解"交往行为"理论呢？

工具行为与交往行为

哈贝马斯借助韦伯的工具合理性和价值合理性的概念，区分了人的两种行为：工具行为和交往行为。

工具行为是指人们为了达成某个目标而采取的行动。比如，一个人"种庄稼"的行为就是工具行为，工具行为是人为了达成目标——收获粮食而采取的行动。工具行为涉及人与自然的关系问题。

交往行为是指两个以上的主体之间，通过媒介符号（以人与人之间最基本的媒介为语言）发生的互动行为。比如，我对你说一句话，你反馈给我一句话，我们通过对话进行沟通与互动，最后达到彼此理解的目的。

那么，工具行为和交往行为背后的理性模式与思维方式分别指什么呢？

工具理性与交往理性

工具行为是受制于"工具理性"支配的目的行为，体现出主体性的思维方式，即从主体到客体的模式——以主客二元对立为前提，主体对客体采取行为，最终达到某个目的。比如，"种庄稼"行为便是人（主体）对世界（客体）进行改造的行为。

而交往行为则由"交往理性"支配。这样的模式与工具理性的模式有所不同，不再是以主客二元对立为前提，而是以"主体间性"，即主体和主体之间互为主体的关系为基础。

具体来说，交往理性要处理和解决的是这些问题：主体之间要如何沟通，才能达到主体之间更好理解的状态？这需要构建出怎样的一套法则，才能够让主体之间的交往更加开放与自由，使主体之间更好地建立共识。通俗来说，交往理性就是让人与人之间的交往更加顺畅，实现良性互动、达到公平协商等。那么，对这套交往的规则的探讨就是交往理性的研究范畴。交往理性可以使交往行为更加合理化。

我们思考一下，好的交往方式是怎样的呢？是一个人对另一个人思想的独断灌输吗？不是的。应该是在交往中，两个人的思想可

以发生碰撞、擦出火花,彼此平等对话,对对方观点可以提出修改、批评、保留或赞同的意见。这才是人与人之间理性的交往状态,也是交往行为最为合理化的状态。

以上我们从工具行为和交往行为的解析中,理解工具理性和交往理性背后的不同思维方式:工具理性是主体性思维的体现,而交往理性注重的是主体间性。

在工具理性的视角下,主体总有一种莫名的优越感:主体作为核心,对这个世界进行安排,从而实现某个目的;而在交往理性的视角下,主体变得谦虚,主体不再是统治世界的主宰者。人和人之间平等友善,人开始尝试与他人对话、与世界对话。遇到问题时,大家要协商着来,在沟通中相互理解,从而消除矛盾。

如此看来,交往行为理论其实是较为温和的。但很遗憾,一直以来人们太看重工具理性而忽略了交往理性。现代科技等一系列外在因素,使人们不自觉地将工具理性视为向导,工具理性日益侵入人们的交往领域。人们的交往行为因此被扭曲化,变得越来越不合理。比如,现实中人与人之间的交往披上了功利色彩,就是最好的例证。

交往行为的合理化

哈贝马斯发现,当时的资本主义社会出现了以学生为主的抗议力量,他们抗议的动机并不是出于经济利益、福利问题,而是出于对自由、合理交往的需求。在他看来,此时社会最为迫切的任务便是扭转这样的局面：不能再完全以工具理性这个单向度的模式去看待世界，而是要更加注重交往理性的向度，让人们的交往行为实现合理化。当社会建立一套合理的交往互动机制时，人与人之间可最大限度地达到彼此理解，这些社会矛盾与冲突也不就解决了吗？

那么，如何实现交往行为的合理化？哈贝马斯提出了两点措施：

第一，选择恰当的语言进行对话。因为语言是交往行为的媒介，凡是有交往行为的地方，便会有语言行为。哈贝马斯强调，选择"恰当的"语言意味着要选择双方都能理解的语言，双方要在同一个维度进行沟通。

第二，承认和尊重共同的规范标准。通俗理解，大家坐下来一起沟通，要遵守一些普遍化的规范和原则，这样的规范标准能够代表大多数人的意志，能够被大家普遍接受和遵循。在这些普遍的规范原则的指导下，才能够使得交往的过程合理化。

可以说，哈贝马斯的这套交往行为理论并没有什么火药味。因为"交往理性"倡导的就是大家能坐下来好好谈一谈。他认为，只要每个人都遵循交往行为的原则，就可以在现有制度下构建理性的社会状态。

总体来看，哈贝马斯的理论是一种改良主义，这与第一代理论家的激进方式有所区别。

小结:
社会的批判

本篇章我们主要介绍了法兰克福学派的社会批判理论,涉及霍克海默与阿多诺的《启蒙辩证法》,马尔库塞的《单向度的人》《爱欲与文明》,还有哈贝马斯的社会交往理论。

社会批判理论的背景

社会批判理论的产生与当时的社会环境有关。随着资本主义社会发展到了后工业化时期,科技的发展、文化工业的兴起、战争的爆发等因素交织在一起,社会出现了许多新的状况。工人阶级似乎甘愿被统治和压迫,人们对技术的追求、对财富的追求已经成为社会的主流价值观。这一时期的哲学家,开始思考这些社会现象背后的原因。

法兰克福学派从马克思的"异化"理论出发,对意识形态、科学技术、大众文化和心理机制进行了批判分析。但法兰克福学派的两代理论家也展现出了完全不同的风格：第一代理论家霍克海默、阿多诺和马尔库塞相对激进，他们的文字散发着激情和煽动性；第二代理论家哈贝马斯则相对保守，提倡改良主义。

霍克海默与阿多诺

在《启蒙辩证法》中，霍克海默与阿多诺以"启蒙理性"为切入点进行分析。他们认为，人类非但没有因为启蒙进入真正的人性状态，反而陷入一种新的野蛮主义。于是，他们从两个角度——"人对自然的控制"和"人对人的控制"批判"启蒙理性"，从而揭示现代性的危机。

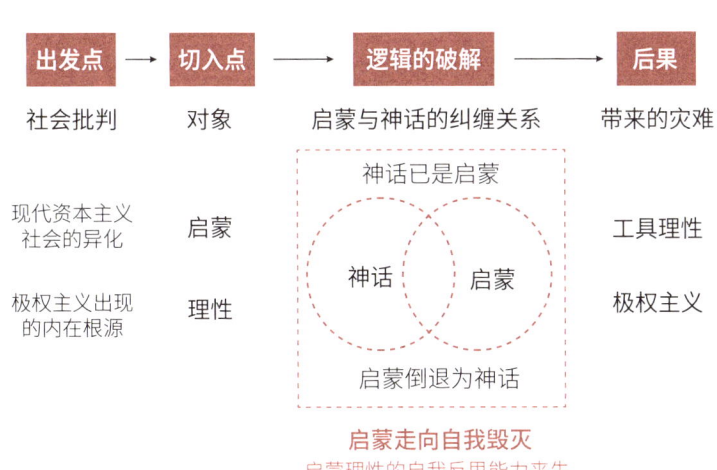

《启蒙辩证法》的脉络梳理

关于"人对自然的控制"这个命题，霍克海默与阿多诺通过探究"启蒙与神话的纠缠关系"，即"神话就是启蒙，而启蒙却倒退成了神话"予以破解。

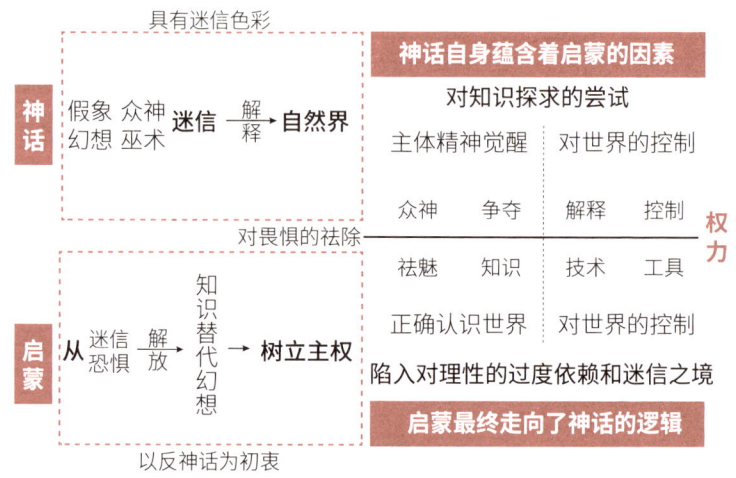

●○●● 启蒙与神话的纠缠

"启蒙"在自我发展的过程中，丧失了"自我批判"的向度，最终走向自我毁灭之境。而这背后有一个终极原因——人对自然统治权力的建构。启蒙理性自始就以"权力"为导向，那么沦为"工具理性"就是必然之路。而一旦"工具理性"成为主导，现代性的危机便自觉爆发出来。人们的行为总是以实现某一目标为导向，人们不再考虑"为什么而做"以及"应该做什么"，进而也逐渐丧失了敬畏之心。

而"人对人的控制"这个命题的逻辑，则体现于文化工业这套系统的运作之中。文化工业模式看似是市场中的自发行为方式——

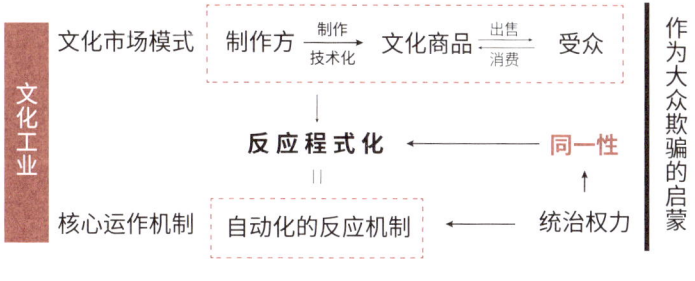

●● **文化工业系统的运作机制**

制作方通过技术手段进行文化内容的机械生产,并复制为大批量的文化商品销售给大众,而大众对文化产品也有着内在的需求,于是双方一拍即合,一个提供商品,一个消费商品。

但实际上,文化工业承担起了意识形态的功能,沦为了统治者统治大众的工具。文化商品在被生产之前,就已经先行植入了制作方想植入的理念和价值观。大批专业人士将这些被规定好的细节进行处理,将自然的作品呈现于大众。最后,大众在娱乐的消遣气氛中,逐渐丧失思考能力。

可以说,文化工业就是一个巨大的欺骗系统,具有极强的理性色彩。

马尔库塞

马尔库塞对资本主义社会予以批判,他提出了"单向度"的概念。当时的社会只有肯定的维度,不允许有否定的向度和反对的意见，而这正是发达的资本主义社会新型统治方式的结果。

同时，马尔库塞也批判科学技术和文化工业，提出了"爱欲与文明"的理论。在解决问题的层面，马尔库塞提倡发动一场"本能革命"，用"大拒绝"的方式来对抗当时的社会统治。

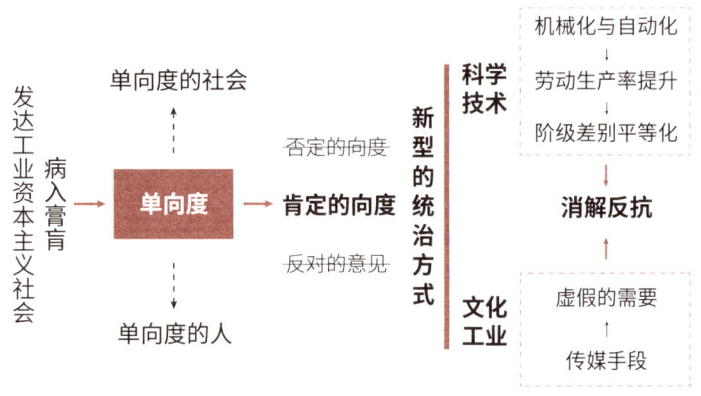

●●● 马尔库塞：单向度理论

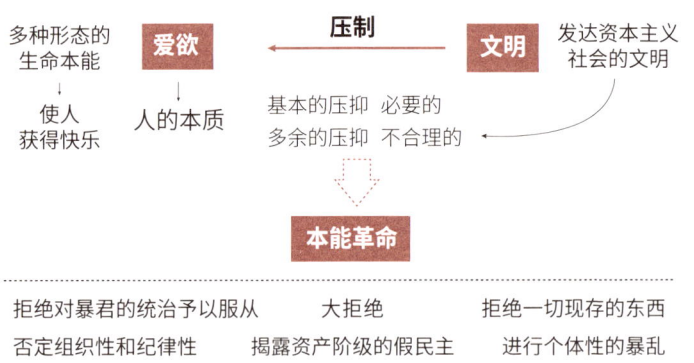

●●● 马尔库塞：爱欲与文明以及本能革命

哈贝马斯

哈贝马斯是法兰克福学派的第二代人物,他同意第一代理论家对资本主义的批判,但不同意第一代理论家对启蒙理性的全盘否定以及对现代性的否定。

哈贝马斯是现代性的捍卫者,他提出了不同于第一代理论家的解决办法——改良的方式,即交往行为理论来解决社会问题。

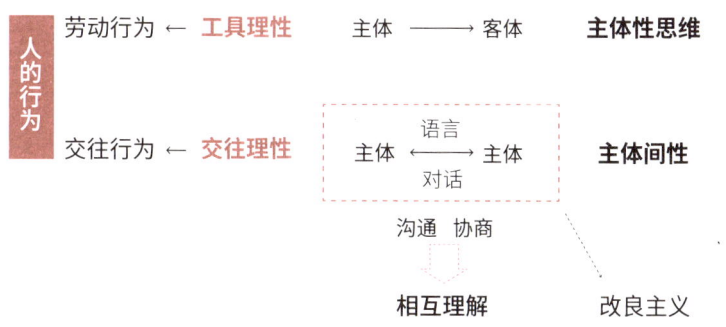

哈贝马斯:交往行为理论

两代理论家的比较

笔者个人认为,法兰克福学派的理论表现出了非常强的内在张力。两代理论家虽然在大方向上对资本主义都予以批判,但在细节上却存有诸多分歧。

霍克海默与阿多诺通过对"启蒙理性"的批判,表达出对"现

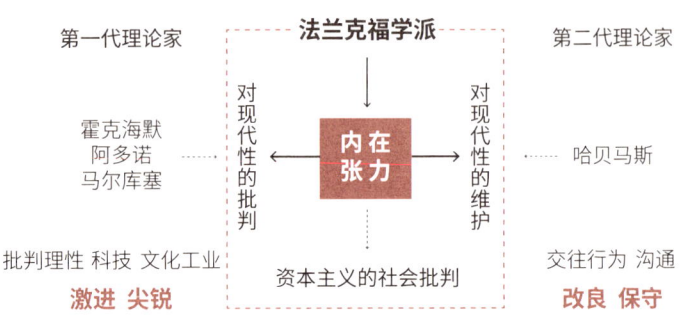

● ● ● **法兰克福学派的两代理论家**

代性"的否定态度。在他们的眼中,现代世界似乎无药可救,现代性带来了太多的负面影响。

对此,哈贝马斯并不同意。他认为,他们(第一代理论家)批判理性的出发点存在问题。第一代理论家的批判是基于当时资本主义社会的现代性带来的各种负面效应而展开的批判,缺乏对理性的全面认识。他们采取主体性思维的视角,看到的必然也是工具理性带来的负面伤害。

在哈贝马斯看来,工具理性固然具有负面影响,但"工具理性的负面影响"不能完全等同于"工具理性的全部",更不能把对理性的批判扩展到对几千年来人类文明历史的全盘否定层面。现代性是未竟的事业,因此哈贝马斯自觉捍卫现代性和理性主义。他采取"主体—主体"思维的视角,即主体间性的视角,提出了最为著名的"交往行为"理论。

哈贝马斯不仅不同意霍克海默与阿多诺的观点,他也不同意马尔库塞用"大拒绝"这种激进的方式来对抗社会统治,他提倡通过协商沟通的方式,以"交往理性"来解决问题。

第二篇章

身体与解释

本篇章我们主要介绍两位哲学家：梅洛-庞蒂和伽达默尔。总体来说，他们的理论都属于现象学运动①的大范畴。

梅洛-庞蒂受到胡塞尔后期现象学以及海德格尔理论的影响，开创了"知觉现象学"或"身体现象学"。他通过现象学"回到事情本身"的方式，试图建立一种超越客观主义和主观主义的哲学，他要探寻是否存在一个能将主体和客体、内在和外在、心灵和物质融合在一起的中间地带的问题。整体而言，梅洛-庞蒂的哲学具有中性的调和色彩。

伽达默尔则继承了胡塞尔的现象学以及海德格尔的存在主义哲学，之后开创了自己的解释学理论。其1960年出版的《真理与方法》，标志着哲学解释学成为一个独立的哲学流派。

不同于传统的方法论和认识论意义的解释学，伽达默尔的理论是本体论意义的解释学。他认为"理解和解释"本质上不是方法，也不意味着主体对客体的认识活动，"理解和解释"本身就是人类生活的一种根本存在方式：人是理解着的存在。"理解和解释"处理的是人与人所处世界的自我领会的内在关系问题。

伽达默尔要探究如此这般的理解方式得以可能的条件，真正的理解的内涵以及如何看待历史的成见，等等问题。正是以历史意识为基础，伽达默尔的哲学解释学同传统解释学鲜明地对立起来，"通过研究和分析理解的种种条件与特点，来论述作为此在的人在传统、历史和世界中的经验，以及人的语言本性，最后达到对于世界、历史和人生释义的理解和解释"。②

---

① 我们在《哲学100问》第2季介绍胡塞尔时曾说，广义的现象学是一场哲学运动。胡塞尔是开创者，海德格尔、萨特以及梅洛-庞蒂、伽达默尔受其影响各自发展了自己的理论。
② 刘放桐.新编现代西方哲学[M].北京：人民出版社，2000：496.

第二篇章 身体与解释

本篇章概览

哲学家

梅洛 – 庞蒂 | 伽达默尔

本篇章流派

身体现象学 | 解释学

本篇章话题

⊙ 知觉现象学　　⊙ 身体—主体

⊙ 理解与解释　　⊙ 理解的历史性

⊙ 效果历史　　　⊙ 视域融合

01
梅洛-庞蒂：一位暧昧的哲学家

莫里斯·梅洛-庞蒂（Maurice Merleau-Ponty，1908—1961年），法国著名哲学家，存在主义的代表人物，知觉现象学的创始人。曾在巴黎高等师范学院求学，后与萨特一起主编过《现代》杂志。主要著作有《行为的结构》《知觉现象学》《意义与无意义》《眼和心》《可见的和不可见的》等。他被称为"法国最伟大的现象学家"，"无可争议的一代哲学宗师"。

梅洛-庞蒂其人

1908年3月，梅洛-庞蒂出生于法国西海岸的一个天主教家庭。他幼年丧父，18岁进入巴黎高等师范学院学习哲学专业。在大学时，他深受法国哲学家柏格森的影响。1929年，梅洛-庞蒂聆听了胡塞尔的著名演讲，此后胡塞尔哲学对梅洛-庞蒂产生了重要影响。可以说，胡塞尔的后期思想构成了梅洛-庞蒂现象学的起点。

第二次世界大战期间，梅洛-庞蒂应征入伍参加抵抗运动，退役后返回巴黎教书。1942年，他的第一部著作《行为的结构》出版，1945年他的《知觉现象学》出版。而后，他与萨特、波伏娃等人一起创办了《现代》杂志，但因为政治上的分歧，他和萨特分道扬镳。1952年，梅洛-庞蒂在法兰西学院担任哲学教授职务，1953年1月15日，他发表了就职演讲《哲学赞词》。

1961年，年仅53岁的梅洛-庞蒂因中风猝然离世。虽然他在这个世界上只停留了53年，但其思想却影响深远，他被称作"最具创造性的法国现象学家"，其著作《知觉现象学》和萨特的《存在与虚无》一起被视作法国现象学运动的奠基之作。

有人说，梅洛-庞蒂是胡塞尔现象学最好的诠释者，也有人说梅洛-庞蒂实际上搞了另外一套东西。那么，梅洛-庞蒂哲学的基本要点是什么呢？接下来，我们将从梅洛-庞蒂的哲学出发点、知觉理论以及身体哲学这几个维度予以解析。

梅洛-庞蒂的哲学出发点

从古希腊哲学，如毕达哥拉斯的"数本原"、巴门尼德的"存在"以及柏拉图的"理念论"等开始，二元论的思维模式逐渐显现：哲学家努力挖掘现象背后的本质，并将本质的世界视为可被探索的思维世界。到了近代哲学阶段，笛卡尔的"心物二元论"使主客的二元关系被正式确立起来。哲学的探索以主体对客体的预设为前提而得以展开，思维和存在被割裂为两个世界。

这时我们不禁要问：如果主客体彼此独立，那么内在的主体是如何认识到与自己隔绝的外在客体的呢？

对这个问题，胡塞尔已经有所涉及。胡塞尔以"对自然主义思维态度的批判"为理论出发点，提出"回到事情本身"的口号，并试图还原到主客交融在一起的纯粹意识、先验意识领域。

而梅洛-庞蒂受到胡塞尔的影响，也是以"对笛卡尔主客二元论模式予以反抗"为哲学出发点。他认为，这样的模式使得主客彻底分离，思考模式要么陷入客观主义，要么陷入主观主义。因此，梅洛-庞蒂也要进行现象学的还原。

但这里就有一个疑问，梅洛-庞蒂进行还原，那最后要还原到哪里去呢？梅洛-庞蒂和胡塞尔的还原，有什么不同吗？

主客中间地带：暧昧性的哲学

胡塞尔通过彻底悬搁的方式以达到彻底的还原，即还原到纯粹意识、先验意识的领域。意识本身的意向能力与构造功能，即在外部事物奠基之上主动出击、捕捉勾勒客体事物，正是"先验自我"的先验结构使然[①]。

---

① 关于这部分原理，可参考《哲学100问：人，诗意地栖居》第四篇章来理解。

但是,"先验自我"最后还是落脚于"自我"的层面,只不过这个"自我"不是你的自我、我的自我、他的自我,而是我们共同的"自我"。既然是"自我"层面,那么就意味着,胡塞尔的理论最终还是回到了主体性的理论框架里,他的先验现象学仍然是偏向意识和主体的现象学。因此,这样的还原不是最为彻底的,其做法又陷入到"自我"主体性的意识领域,陷入先验唯我论的境地。

而梅洛-庞蒂则开启了另外一条道路。在贯彻"回到事情本身"口号的基础上①,他还原到的不是纯粹意识和先验自我②,而是主客之间的一个中间地带——一个中性的、暧昧性的模糊领域,一个使一切意义得以发生的初始场所。

这个领域没有纯粹的主观主义,也没有纯粹的客观主义。主客之间并不存在谁构造谁、谁统摄谁、谁依附谁、谁反映谁的问题,主客不是对立状态而是同一状态。这个中间地带是主客关系得以发生的前提和基础,它是前反思的、前逻辑的、前意识的领域。

可见,梅洛-庞蒂对胡塞尔现象学方法有所继承,又有所深化。这也正是梅洛-庞蒂现象学具有创见性的体现。

总体而言,梅洛-庞蒂的哲学具有调和性和暧昧性,因而他也被称为一位暧昧的哲学家。那么,梅洛-庞蒂试图还原到的暧昧性地带具体是什么呢?他又将现象学引向了什么新的境域?这就涉及他的"知觉世界"以及"身体—主体"的理论。

---

① 这一点体现出梅洛-庞蒂对胡塞尔理论的继承。
② 这一点体现出梅洛-庞蒂和胡塞尔理论的不同。

02
梅洛 - 庞蒂：
知觉是哲学家的绝对知识

梅洛 - 庞蒂有一部名为《知觉现象学》的著作。"知觉"是他哲学中的核心概念，他认为：知觉是哲学家的绝对知识。

什么是知觉

我们先抛开梅洛 - 庞蒂的理论观点，来看看传统意义上两种对知觉的看法。

机械生理学意义的知觉

从机械生理学的意义上说，知觉就是主体对客体的被动的生理反应。当人的身体器官遭受外界刺激后，便会产生某种感觉经验。那么，人对这种感觉经验的意识便是知觉。比如，你摔了一跤，腿部感受到了疼痛，这疼痛之感就是知觉。知觉总是与你的感受性相关，你有不同的感受恰恰说明你是有知觉的。如果你去医院做手术，医生给你打了麻药,你没有了任何感觉,这意味着你失去了知觉。

机械生理学的视角强调的是知觉的客观性。

主观主义的知觉

从主观主义(唯心主义)的方式来说,知觉可理解为精神的外化体现。也就是说,思维或心灵世界在先,客观世界是对精神的演绎,现象是本质的外化。那么,知觉行为就是主体通过理性构造客观世界的方式。

主观主义的视角强调的是知觉的主观性。

主客同一视角的知觉

不同于机械生理学(客观的角度)与主观主义(主观的角度),梅洛-庞蒂采取主客同一性的角度阐述知觉。

他认为,知觉是主客体之间非常模糊的存在经验,是主体和客体还未被分化、还未被人为的意识加以区分,即主客最初交融于一起时的一种存在经验。通俗理解就是,你在意识到"这是一棵树"之前,你与这棵树最初的接触体验就是知觉。只有在有知觉的前提下,你才有可能认识一棵树乃至这个世界。

换言之,主体认识到的这个世界并不是一个摆在那里现成的世界,而是一个由知觉奠基而成的世界。知觉是主客得以展开分化的前提和基础,没有知觉的前提做铺垫,就无法进行下一步的主体对客体的认识。

梅洛-庞蒂试图回到的知觉世界,类似于胡塞尔所说的"生活世界"。因此,知觉的领域是前科学、前反思、奠基性的领域。

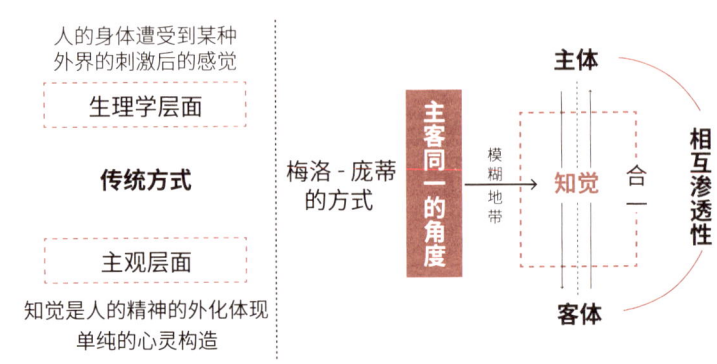

梅洛 - 庞蒂的知觉理论

"知觉"的特性：主客体相互渗透

在梅洛 - 庞蒂看来，知觉具有主客体的相互渗透性。

在知觉境域里，主体和客体缺少任何一方都不行，它们离不开彼此，彼此成就对方，彼此赋予对方意义。

单纯的客体不存在，单纯的主体也不存在；客体之所以是客体，是因为有主体与之对应，也因为主体赋予其意义；而主体之所以是主体，是因为它的面前有一个不同于它的对象，这个对象又可以被主体认识，如此才使得主体成为主体。比如，树之所以是树，是因为它被人们认识后才被叫作树。人之所以会认为这是树，是因为树的存在可以被人认识。

主体和客体之间如果缺失任何一方，主客之间的对立关系也就不复存在。主客之间没有界限，是"你中有我，我中有你"的关系。这就好比良性的恋爱状态："我"因为"你"而成为了"我"自己，

"你"也因为"我"而成为"你"自己。如果"我"失去了你,"我"将不再是"我";如果"你"失去了"我","你"也将不再是"你"。"你"和"我"之间彼此渗透、彼此成就、彼此赋予彼此的意义。

从灵与肉、身与心的层面来说,灵肉、身心自开始就相互渗透、彼此交融,这样的同一性境域就是知觉领域。

因此,梅洛-庞蒂的理论是具有暧昧性的。他并不斩钉截铁地说主体和客体到底是什么关系,而是说两者在知觉领域中自一开始就暧昧不清、彼此交融。在这个中性地带,主客的同一性才是两者关系的本质。

我们可借助中国传统文化中的"阴阳概念"来理解同一性的境域。

● ● 知觉领域的同一性境域

到底什么是阴,什么是阳?你能完全抛开一方去定义另一方吗?不能的。阴阳中任何一方,都需要借助对方来解释自己。没有阴,何来阳?没有阳,又何来阴?阴和阳,谁都无法离开谁,这两个概念彼此成就了彼此。如此,主客体之间并不是"非黑即白"式的关系,主客之间的界限是模糊不清的。知觉就像主客之间的一个通道,连接着彼此，又奠基着彼此。主客体如同骨骼和血肉，同时共在，缺一不可。

这就是梅洛-庞蒂对知觉的阐释，知觉世界更像是一个场所——一切意义得以发生的觉知之场。知觉是世界得以展示自己的基本方式，是主客体相互渗透的产物。

03 梅洛-庞蒂的身体哲学(上):身体的历史

既然"知觉"是主客体交织在一起的原始的模糊的存在经验,那么这个主客体交织在一起的承载者又是什么呢?是不是总要有一个什么东西来实现知觉的功能呢?对此,梅洛-庞蒂引向了身体层面。他认为,"身体"本身就是一个主客交融的意义发生场,是主客交织在一起的承载者。

我们通常认为身体是有血有肉的躯体,即人的肉身。但梅洛-庞蒂的身体概念与我们常识中或传统哲学中的身体概念是一回事吗?

接下来,我们将从哲学史切入,去弄清各个时期哲学家的身体观,进而更深刻地理解梅洛-庞蒂的身体哲学。

柏拉图:被压制的身体

在西方传统哲学史上,身体一直处于被忽略、被遮蔽、被遗忘的状态。

从毕达哥拉斯的"数"、巴门尼德的"存在"再到柏拉图的"理念论"……哲学家们以探寻现象世界背后的本质,即逻各斯为终极目标,这已经说明思维领域具有着优越性。

尤其是柏拉图"理念论"——不可见的"理念世界"统摄可见的"现实世界",现象不过是对理念型相的"分有与模仿",灵魂统摄身体——这说明灵魂才是至高无上的,身体一直处于被压制的状态。

在《斐多》中,柏拉图记载了苏格拉底赴死时无所畏惧的从容态度。柏拉图借苏格拉底之口道:"真正的追求哲学,无非是学习死亡,学习处于死的状态"①,死亡不过是身体的死亡,是"灵魂和肉体的分离"②,哲学家的事业完全在于使灵魂从身体中解脱和分离开来。

只有摆脱肉体束缚,灵魂才能真正通向智慧与真理。柏拉图将身体视为灵魂通向智慧的最大障碍,身体的感受性扰乱了灵魂通向知识之路的秩序。因此,只有不沾染肉体才能保持灵魂的纯粹性,通向哲学家应有的至高境界。

可见,柏拉图对身体报以无情的贬损和排斥,他是西方传统哲学中"否定性身体观"的始作俑者。

笛卡尔:被遗忘的身体

到近代哲学阶段,主体性意识逐渐觉醒,身体和灵魂被彻底剥

---

① [古希腊] 柏拉图. 斐多 [M]. 杨绛,译. 沈阳:辽宁人民出版社,2000:12-13.
② [古希腊] 柏拉图. 斐多 [M]. 杨绛,译. 沈阳:辽宁人民出版社,2000:13.

离开来。

笛卡尔的"我思故我在"首先抛弃的就是身体。他怀疑一切，但唯独不能怀疑"我正在思考"这件事。这里的"我思"是指思想实体，它在思想的范畴而非身体的领域。

"心物二元论"也是灵魂与身体二元对立的体现。虽然笛卡尔承认了身体的存在，但他的二元论将人的身体和心灵置于彼此对立的境地。身体就是身体，它是不包括灵魂的肉体，而灵魂本身则是独立于身体以外的实体存在。

从柏拉图到笛卡尔的近代哲学阶段，身体和心灵彼此对立，身体被渐渐"遗忘"。到了现代哲学阶段，尼采的理论使"身体的境况"发生了重大转变。

尼采：矫枉过正的身体

尼采哲学绽放着强劲的生命活力。他一反传统，将旧形而上学进行了全盘颠覆。他推崇"强力意志"，提出"超人哲学"，以解放受压抑的身体。

在他看来，身体才是生命的出发点和落脚点，才是理性的根基。只有当身体向世界"敞开"时，个体生命才能同世界的存在融为一体，从而焕发生机与能量。所以，尼采非常崇尚酒神的放纵与不羁的表达方式。他认为，被酒神精神熏陶的人们能真正释放身体的本能，促进生命力和创造力的勃发。

但，尼采的身体观是否解决了传统哲学中的二元论问题呢？其实并没有。尼采只是将身体和灵魂颠倒了位置，传统哲学提倡"灵魂至上"，尼采则提倡"身体至上"，他认为身体是基础性的，一切都要以身体为出发点，要把"被遗忘的身体"唤醒。但尼采的劲儿似乎使得过头了，且走向了一种极端化的境地——身体是一切的根基，是主宰世界的原始动力。可见，尼采的做法有一点矫枉过正。

纵观西方哲学史，我们发现身和心的关系大体是这样：要么是身体长期处于被压抑、被遮蔽、被遗忘的状态，心灵处于至高无上的地位；要么是身体一下被抬到顶点的位置，没有心灵什么事了。身和心一直处于对立与分离的状态。身体是不掺杂任何精神和灵魂的肉体，灵魂（心灵）则是排斥肉体和物质的纯粹灵魂（心灵）。

梅洛-庞蒂这时思考的是，能否通过一个概念将肉体和灵魂、物质和精神结合在一起，将主体和客体统一起来。于是，他提出了自己的身体哲学理论。

04 梅洛-庞蒂的身体哲学(下)：模棱两可的身体

不同于常识[①]以及传统哲学[②]对"身体"的解释，梅洛-庞蒂摒弃了"非此即彼"式的思维模式，他赋予"身体"全新的内涵，提出一个模棱两可的身体概念，即"身体—主体"。

哲学史—身体观			梅洛-庞蒂—身体观
被压制的身体	被遗忘的身体	矫枉过正的身体	模棱两可的身体
柏拉图	笛卡尔	尼采	梅洛-庞蒂
灵魂统摄身体 身体处于被压制状态	心物二元论 我思故我在	身体—极端化	**身体—主体**
身体 —— 彼此独立 —— 心灵			主体 —— 交融 —— 客体 身体 —— 交融 —— 心灵

● 传统哲学与梅洛-庞蒂的身体观

[①] 身体即有血有肉的躯体，身体是由各个器官组合而成的肉体。
[②] 身体被视为与灵魂对立的客观存在物。

身体—主体

"身体—主体"不是传统意义上的身体(躯体、肉身或与灵魂对立的身体)概念,而是肉体和灵魂结合统一的主体性概念。它兼具主客双重因素,类似于一个知觉场,一个意义的发生境域①。在这个场所中,主体和客体交融在一起,不分你我。

"身体—主体"既不是纯粹客观的,也不是纯粹主观的,它既是客观的,也是主观的。"身体—主体"既不是单纯地作为主体,也不是单纯地作为客体对象而存在,而是以"主体—客体"的方式共同存在着的。正如梅洛-庞蒂所说:"灵魂和身体的结合不是由两种外在的东西——一个是客体,另一个是主体——之间的一种随意决定来保证的。灵魂和身体的结合每时每刻在存在的运动中实现。"②

这就是灵魂和身体的共在状态。

"身体—主体"似乎将灵魂和肉体综合在一起了,身体既具有肉体性,又具有精神性,一切都是混沌的、模棱两可的、暧昧的、模糊的状态。

比如,当你的左手摸自己的右手或用牙齿咬着舌头时,你能完全区分触摸和被触摸、咬和被咬的感觉吗?不能的。因为你的身体是一个整体,当左手摸右手、牙齿咬舌头时,这种触摸与被触摸、咬与被咬的感觉是混沌不分、彼此交融在一起的。身体既是知觉的

---

① 这个境域正是梅洛-庞蒂试图回到的那个前意识、前反思和前逻辑的境域。
② [法]莫里斯·梅洛-庞蒂.知觉现象学[M].姜志辉,译.北京:商务印书馆,2001:125.

主体，也是知觉的客体。

这就是"身体—主体"这个概念要表达出的意境：主观和客观是无法被完全分清的，主体和客体也是同时共在的。"身体"如同一个大背景，囊括了主客交织的所有要素。

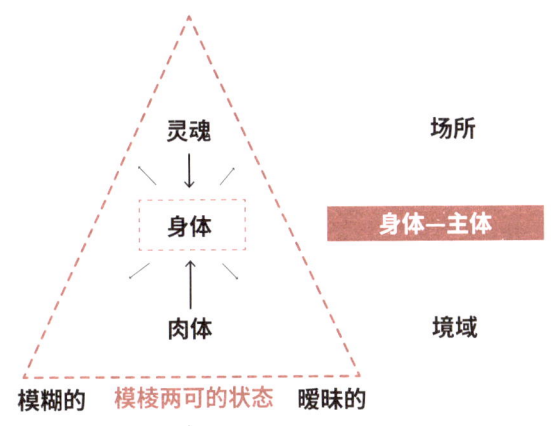

● ● 梅洛-庞蒂：身体—主体

可以看出，梅洛-庞蒂提出的"身体—主体"颠覆了传统意义的主体概念。传统哲学所谓的"主体"是主体与客体相对意义上的主体，是有主客之分的主体。但梅洛-庞蒂的"主体"既不是仅指精神和灵魂，也不是仅指肉体和物质，而是指精神和肉体在未分化之前的，既包含着肉体，也包含着精神的主体。

身体：在世之在的媒介物

在《知觉现象学》中，梅洛-庞蒂说："身体是在世界上存在的媒介物，拥有一个身体，对一个生物来说就是介入一个确定的环境，参与某些计划和继续置身于其中。"①

梅洛-庞蒂明显地受到了海德格尔的影响。人是具有身体的在世存在：人在这个世界中存在，意味着人总是要跟这个世界有所勾连，人与世界的真正融合正是通过"身体"予以揭示的。

"身体—主体"中内在的主客模糊之境，就已经构成了知觉和意义的发生境域。而主客之间的关系变化，正是人与世界打交道的体现。但这个打交道的方式不是主体思考客体世界的本质，而是主体对客体世界的体验：人怎样行动，有着怎样的体验，人就以怎样的方式存在于世。

梅洛-庞蒂的"身体—主体"概念，注重的是某种体验的方式，这个体验感存在于主客体之间的交融之中，要在行动中探索主客之间的关系到底是怎样的。

可以说，梅洛-庞蒂的身体哲学有一种内在的流动性。身体不是静止的物，不是一个摆在那里可以观赏的模型，不是一个静态的素描，而是如中国山水写意画般营造出的一种意境。这种感觉也很像中国的太极拳，柔中带刚，刚柔并济。

在"身体—主体"的境域里，一切都被模糊化，一切都是模棱两可的。

---

① ［法］莫里斯·梅洛-庞蒂.知觉现象学［M］.姜志辉，译.北京：商务印书馆，2001：116.

肉

梅洛-庞蒂后期在《可见的与不可见的》中，用"肉"这个概念来表述"身体—主体"的概念。

这里的"肉"不同于肉体，而是各种可能性的孕育元素。按照他的理解，"肉既不是物质，也不是精神，也不是实体。只能用'元素'这个旧有的用词来界定它，它就好像是水、气、土、火一样，具有物质和精神的双重属性"。[①]

---

① 姚大志.现代西方哲学[M].北京：中国社会科学出版社，2015：24.

05
伽达默尔：解释学的开创者

汉斯-格奥尔格·伽达默尔（Hans-Georg Gadamer，1900—2002年），德国哲学家，曾在大学攻读文学、语言、艺术史、哲学等专业，1922年获博士学位。1929年后在马堡大学、莱比锡大学、法兰克福大学和海德堡大学任教。自1940年起，伽达默尔曾先后任德国哲学总会主席，国际黑格尔协会主席。代表作有《真理与方法》。

伽达默尔：解释学开创者

1900年，伽达默尔出生于德国马堡，于2002年逝世，享年102岁。伽达默尔是一位非常高寿的哲学家。他深受胡塞尔和海德格尔的影响,开创了全新的哲学解释学,成为当代德国极具影响力的哲学家之一。伽达默尔在西方哲学史上绝对占有一席之地。

伽达默尔四岁时失去了母亲,作为化学教授的父亲将科学定律及方法视为最高准则。在这样的家庭环境里,伽达默尔对科学领域的条条框框产生了逆反心理,反而对人文学科情有独钟。

1919年,伽达默尔进入布雷斯劳大学学习德国语言文学专业,随后他的兴趣转向了哲学研究。1922年,他完成了博士学位论文《论柏拉图对话中欲望之本质》。后来,他因患小儿麻痹症在医院卧床治疗期间,读到了海德格尔哲学,顿时被海德格尔深厚的哲学功底吸引,于是他决定拜海德格尔为老师。

与海德格尔的相遇,对伽达默尔的哲学之路起到了决定性影响。他曾多次承认海德格尔的哲学解释学思想是他思想的理论基础。1928年,在海德格尔的指导下,伽达默尔完成论文《柏拉图的辩证伦理学》,获得教授资格。之后他便在马堡大学、莱比锡大学、法兰克福大学、海德堡大学任教,直至1968年退休。

1960年出版的《真理与方法》是伽达默尔的重要著作,其奠定了伽达默尔解释学在哲学史上的地位。

传统解释学

方法论意义上的解释学

解释学其实是一门古老的学问,最早可追溯到古希腊时期。从词源上来说,"解释"源于希腊神话里一个叫"赫尔墨斯"的神。

他是一位传递信息之神，他的任务就是将宙斯的旨意传达出去。所谓"传达"意味着信息的搬运行为，比如，一个人将 A 发出的信息理解吃透后解释给 B 的行为，就是一种传达。可见，"传达"已蕴含着"理解和解释"的行为[①]。

那么，如何才能做到精准"传达"[②]？有没有一种普遍的方法可寻？这便是传统解释学或古典解释学研究的方向：探寻普遍的解释的方法，以告诉人们应该怎样去理解和解释。

因此，传统解释学是方法论意义上的解释学。

主客二元认识模式

解释的过程是一个主体对客体进行理解的过程：要先有一个对象化的客体存在，然后主体去解释这个对象客体是怎么回事，去理解对象物的本质内涵或消除对这个对象物的误解等。

在传统解释学中，"解释"是主体认识客体的主观意识活动。传统解释学建立在主体对客体的二元认识模式上，试图找到一种主体对客体的精准理解以及避免误解的方法。可以说传统解释学给人们提供的是一套正确的理解的原则。

那么，伽达默尔的解释学也是方法论与认识论意义上的解释学吗？换言之，伽达默尔也是像传统解释学那样教我们解释的方法吗？

---

① 人只有在充分理解的基础上，才能做到精准传达。
② 精准"传达"，即原汁原味地、不产生误解地理解内容，并以此向对方解释。

06 伽达默尔：本体论意义的解释学

伽达默尔的解释学不是方法论与认识论意义上的解释学，而是本体论意义上的解释学。在他看来，"解释"并不意味着主体对客体的认识活动，也不是主体和客体的外在关系的体现。伽达默尔将"解释和理解"活动本身当作人的根本存在方式。

海德格尔本体论解释学的影响

伽达默尔的解释学受到了海德格尔本体论解释学的影响，因此我们这里有必要回顾一下海德格尔的理论。

海德格尔研究的存在问题是本体论意义上的存在论："存在"并非外在于"此在"的方式，"存在"就是"此在"自我显现的过程。"此在"如何显现，"此在"就如何以其自我展开的方式存在。也就是说，人如何筹划自身，人就如何生存于世。人的筹划行为本身已构成了人的存在。这颇有一点"前方本没有路，走的人多了就形成

一条路"的感觉。

人是理解着的存在

伽达默尔受此启发,从本体论的角度看待"理解和解释"行为。

他认为"理解和解释"本就是人生活的一种根本存在方式,是"此在存在的一种体验",是"此在向未来进行筹划的存在方式"。"理解和解释"行为渗透于人自身的存在之中——人怎样理解、领会世界,怎样进行自我筹划,人就怎样显现自身、以怎样的方式存在于世。人的"理解和解释"行为的过程,就是人的存在过程,是人显现自身的过程。

因此伽达默尔解释道:人是理解着的存在。

本体论意义上的解释学

不同于传统方法论意义的解释学[①],伽达默尔将"解释和理解"活动本身当作人的基本存在方式,从而开创了本体论意义的解释学。他排除主客二元认识模式,强调回到主客同一的境域去看待"理解和解释"活动。人对世界的"理解和解释"行为,不再是人处理主客体的外在关系的问题,而是人处理自己与所处世界的自我领会的

---

① 传统方法论意义的解释学研究解释的方法,将"解释和理解"行为当作主体对客体的活动。

内在关系的问题。

在伽达默尔看来,理解活动贯穿于人的一切活动之中,是构成一切活动的基础。人的存在和理解活动本就是交融在一起的,人的内心如何理解,人就怎样活动。

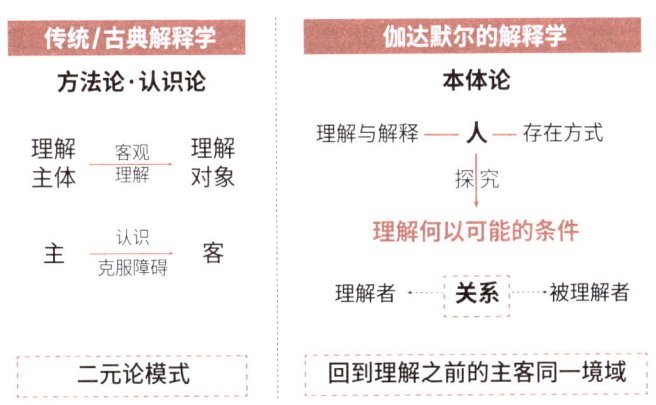

● ● 传统解释学与伽达默尔解释学

伽达默尔以"理解和解释作为人的存在方式"为出发点,其实是为了揭示更为根本的问题,即"理解的可能性"的问题。比如,如此这般的"理解"活动何以展开?"理解"本身何以可能?理解行为得以发生的前提条件是什么?

07
伽达默尔：
打上历史烙印的"理解"

"探究理解的可能性"可归结为"探究理解者和被理解对象的关系问题"。只要找到理解者和被理解对象的某种普遍的关系，也就找到了"理解"得以发生的条件。

对此，伽达默尔从"理解的历史性"①的角度进行研究。

历史性

什么是"历史性"？

人自出生那一刻起，便已受到一定的历史性因素的影响，如时代环境、文化环境、家庭环境等。大环境是人自身无法改变的，是人生存的先前境域。这就是一种"历史性"的体现。不同历史时期的特征对人的塑造会产生不同的影响，所以古代人和现代人的整体

---

① 伽达默尔的理论是受到了海德格尔的影响，海德格尔的本体论解释学就是在历史性概念的背景下展开的，因此伽达默尔的解释学也同样如此。

面貌也是不同的。

人是打上了历史烙印的人。正如海德格尔所说,"此在"是被抛入这个世界的。世界的环境正是人之生存的境域。人活于世总要受到历史性要素的制约,不存在脱离历史性要素的人。

理解的历史性

"理解的历史性"的意思是:理解活动本身也要受到一定历史条件的制约,"理解"是带有历史性特征的"理解"。

由于理解者和理解对象之间存在一定距离——时间的间距或历史环境、条件的差异,且理解者无法完全摆脱历史环境对自身的影响[1],于是理解者带着某种主观的"成见"或基于某种"传统"去理解对象。如此,"成见"或"传统"便会影响和制约着"理解活动"。

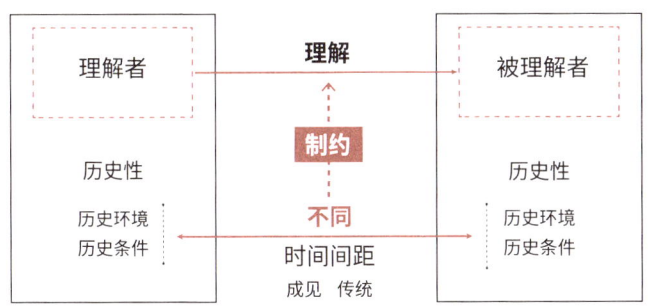

● ● 伽达默尔:理解的历史性

---

[1] 当下的文明水平或生产力水平,使人形成某种"传统",产生某种主观的"成见"。

比如，我们现代人学习古希腊哲学时会认为，有一些理论，如将世界的本原归为"水、火、气"等是不科学的，甚至是荒唐的。那么，我们为什么会产生这样的感受？因为我们是以现在的文明视角去理解那个特定历史时期背景下的先哲思想，当下已形成的"成见"对我们的理解活动产生了影响。

时代在改变，人的思想在进步，社会环境与文明程度也在不断改变，人与理解对象之间必然存在着某种历史性的距离。

可以说，任何理解活动都存在"理解的历史性"问题。

08
伽达默尔：
是否存在纯粹客观的历史

对于"理解的历史性"问题，西方传统哲学认为，人们在认识真理之前首先要消除成见，因为先入为主的成见，对人认识真理起不到任何积极作用。古典解释学也认为，成见构成了"理解和解释"活动的障碍，人只有克服主观成见，才能更好地把握文本的内涵及作者的真实意图。

但伽达默尔并不同意以上观点。他认为，人们根本无法消除"理解的历史性"，成见是不可避免的。"真正的理解"在于正确评价和适应"历史性"。

不可避免的成见

之前已经介绍，人是具有历史性的人，人无法摆脱当下历史要素对自身的影响。同样，人的理解与解释活动也要基于传统与成见而展开，人的理解活动是打上了历史印记的理解。

成见与传统是历史所造就的两种不可避免的境况，是人进行理解的前结构。也就是说，成见与传统并不孤立于理解活动之外，而是理解活动最基础的组成部分。

由于理解活动的历史性，在"理解"活动发生前，理解者和理解对象便已"内嵌"于历史之中。正是在成见与传统的基底上，人才能进行"理解与解释"。换言之，成见与传统是人进行理解活动的先决条件，不存在脱离成见与传统的理解活动。

伽达默尔认为，人们不必聚焦于克服"理解的历史性"问题，而应该考虑怎样正确评价和适应历史性：人们要在承认成见合理性的前提下，再进行理解。

因此，所有的理解活动都与传统和成见有关，不存在赤裸裸的不带成见的理解。

效果历史

伽达默尔开创了一个词——"效果历史"，以此来形容历史性对理解活动本身的影响。理解活动是"效果历史"事件。

人们总是基于某种效果，如传统与成见对人的影响，而进行理解活动。在这个过程里，人对理解对象又会产生新的理解与认识。这种新的认识又成为后来者进行理解的前提。这就是效果历史事件，即理解是在某种效果之中发生，又会产生某种新的效果的持续活动。

有一句话是这么说的:"站在巨人的肩膀,才能看得更高、更远。"你从现成的、已有的效果出发,即"站在巨人的肩膀",获得了新的视域与境界,即"看得更高、更远"。而这个新的境界又成为后人借此腾飞的基础,这就是"效果历史"的内涵。

伽达默尔对理解和解释活动赋予了自己的理论创建。理解活动不再是主体纯粹认识客体,而是主客体交融的过程。主体对客体的理解,本身就是主体参与效果历史事件的体现。

此时便会引出一个问题:理解对象到底有没有其本来的面目?基于历史性因素进行理解和解释而来的历史,还是纯粹客观的吗?到底存不存在客观的历史?

客观的历史存在吗

伽达默尔说:"真正的历史对象根本不是对象,而是自己和他者的统一体,或一种关系,在这种关系中同时存在着历史的实在以及历史理解的实在。一种名副其实的诠释学必须在理解本身中显示历史的实在性。"[1]

在伽达默尔的解释学看来,历史没有本来的面目,也并不存在客观纯粹的历史。"理解与解释",并不是简单地复制与还原被理解对象的本来面目,即主体揭开历史面纱的行为。而是,你在"理解与解释"历史时,也正参与历史、书写历史,因为你为后人构造了

---

[1] [德]伽达默尔. 真理与方法 [M]. 洪汉鼎, 译. 上海: 上海译文出版社, 1999: 384.

"传统与成见"。

从常识或传统意义上说，你或许会认为存在客观的历史，因为历史上的事情发生了就是发生了，没发生就没发生。这还有什么可质疑的？但问题是，你如何了解历史上是否真的发生过这些事情，你又该如何还原历史的本来面目？你不可能亲眼看到历史，你了解历史的方式就是通过文本，即前人留下来的东西去了解。

既然如此，你便身处于"效果历史"事件里。你从前人的文本出发，带着自己的视角去解读历史文本，又产生了对历史的全新认识和体会，生发出了新的感悟，赋予其新的意义。通过这个过程，你便逐渐形成了自己对历史的理解。

在伽达默尔看来，"理解与解释"是主客体交融互动的活动。人们所理解的历史，是在这个意义生成流动的过程中展现出来的历史。根本不存在历史的本来面目，也不存在作为客观对象的历史。

可见，历史既不是纯客观的，也不是纯主观的，而是主客体交融与统一的产物。

09
伽达默尔：视域融合

为何"效果历史"如此如影随形？由于理解者和理解对象所处的境域不同，理解者从自己的境域出发，进入理解对象的境域，两者交汇又会产生新的境域，而这个全新的境域又成为后来者进行理解的基础。这个过程如果一直持续下去，"效果历史"事件就会不断发生。

我们发现，这个过程中涉及更为核心的概念，即理解者和理解对象的"处境和视域"的问题。

处境与视域

处境

伽达默尔从"效果历史意识"引出解释学的处境概念。通俗理解，"处境"就是理解者所处的境况，是历史的产物，具有静态的特征。比如，理解者所处的历史时期。当时的文化价值观，历史遗留下来的成见或者已经形成的传统，等等因素，都决定了理解者的处境。

在理解活动中，"处境"如同一个大背景。人要进行理解和解释，一定是在这个背景之中进行，所有的理解和解释都不可能超出这个背景的范围。

视域

立足于大背景中某一个点的人，通过眼睛看到的这片区域就是"视域"。"视域"是有边界的，也是有局限性的[①]。伽达默尔用"视域"概念并非指人具体看到的东西是什么，而是用来表征理解者的视角、出发点与视野问题。

"视域"具有以下两个特征：

第一，视域是具有历史性的视域。在不同的处境中，人就会产生不同的视域。前面已经提及，处境本身就是历史的产物，视域自然就带着历史性的特征，不存在脱离历史的视域。比如，出生于二战时期和出生于和平年代的人，由于历史处境不同，人的视域就会不同。

第二，视域是流动而开放的。当每个人形成了自己的视域，不代表此视域一成不变，视域总是处在流动之中，视域不是封闭孤立的视域。比如，你形成了对一件事情的看法，这看法本身也会随着你的经历与处境的变化而产生变化。所谓"三十而立，四十而不惑，五十而知天命，六十而耳顺，七十而从心所欲，不逾矩"就是这个道理。在不同的人生阶段，由于经历不同，处境不同，看待事情的

---

① 当你站在一望无际的大海边，你能看到的最远处就是海天相接的海平线，更远的地方就看不到了。

视角和态度就会发生变化。

从易于理解的角度来说，我们可将"处境"视作人理解活动的大背景，它具有历史性、客观性和静态性的特征；而"视域"是人立足于"处境"中某一个点时生成的视野，其具有历史性、流动性、开放性和变化性的特征。

视域融合

因为历史环境不同，处境不同，理解者和理解对象（文本作者）总会形成自己的视域。那么，如何让"理解"得以可能呢？这就需要进行"视域融合"。

理解者带着自己的视域"走进"文本和作者的视域，从而产生自己对作品的全新理解和感悟，而作品本身也因理解者的"到来"或"激活"被焕发出新的生机与意义。当两者的视域自然地"融合"[①]时，理解者和作者因互动而生成了新的意义，擦出了新的火花，即产生了新的视域。

这里需要强调，"视域融合"并不意味着理解者要抛弃自己现有的视域，去接受对象的视域，而是在保持自己视域的基础上，与对象的视域融合，从而生发出新的视域。新的视域既蕴含理解者的要素，也蕴含理解对象的要素，犹如"我中有你，你中有我"之境。当达到这个状态时，"理解"活动便得以可能。

[①] 这样的"融合"不是生硬的，而是流动的"融合"：彼此以互相开启、激发的状态进行"融合"。

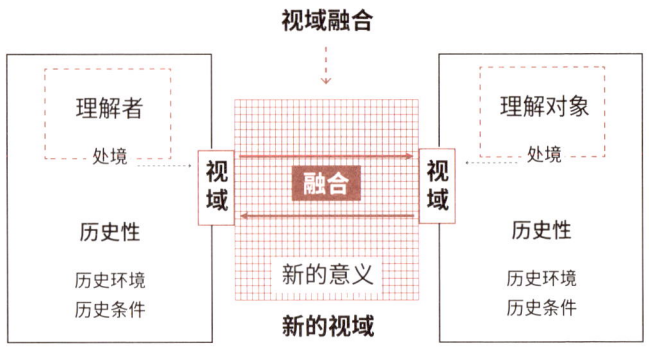

● ● 伽达默尔：视域融合

通过"视域融合"概念，伽达默尔解决了"理解的可能性"的问题，找到了"理解得以可能"的条件。不同的视域在保持自己独立性的前提下，如果能发生交融，那么"理解"便得以可能；如果不同的视域根本无法交融，"理解与解释"活动就无法展开。

从"视域融合"理解"好的爱情"

我们不妨从日常生活切入，通过"视域融合"理论来理解现代爱情的真谛。

两个人之间的交往行为无非就是两个人互相理解，达到"视域融合"的行为。我从我的视域，走向你的视域；你从你的视域，走向我的视域。如果彼此之间视域融合得好，则说明情投意合，可以天长地久；如果彼此的视域无法交融，最后只能分道扬镳，各奔东西。

什么是"好的爱情"?

两个人因交往而激发出彼此的潜能,彼此开启彼此;两个人因为彼此相处而变成更好的自己。两人的视域相融合,并由此生成新的彼此交融的视域。在理解对方的同时,各自保有自己的态度,同样你自己的态度里又蕴含着对方的印记。

你带着自己的视域走向对方,在保持自己独特个性的基础上与对方的思想融合。在这个过程中,不是你丧失自己的个性、抛弃自己的视域,去成为对方想让你成为的人。如果在这段关系中,你丧失了自我,那么必然也会丧失这份爱情。

如何让爱情葆有生机?这需要两个人的共同努力,因为这本身就是两个人的事情,不是一方对另一方的百般呵护。爱情是一个互动的活动,两个人因为交往生发出了新的意义,两个人因为在一起而使彼此变得更好。只有彼此"开启"彼此时,两个人才能永葆爱情的活力。

在日常生活中,我们很多事情都可以透过"视域融合"的理论进行解释,当你如此思考之后,或许那些曾经困扰你的问题就迎刃而解了。

如果大家对伽达默尔的理论感兴趣,建议看一看他的著作《真理与方法》。

小结：
身体与解释

本篇章主要介绍了梅洛-庞蒂的身体现象学和伽达默尔的哲学解释学，这两种理论都是对现象学的丰富。

梅洛-庞蒂

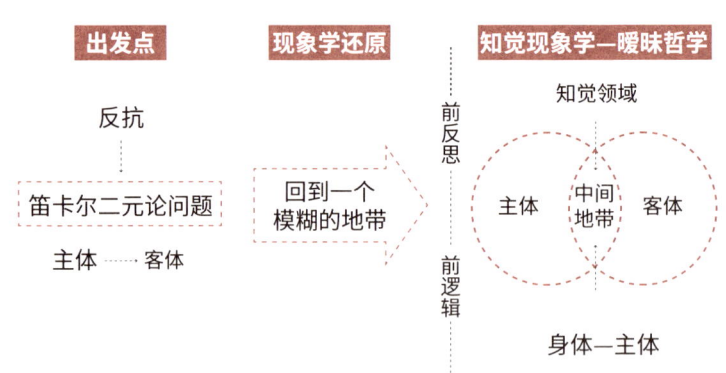

●● **梅洛-庞蒂的哲学思路**

受胡塞尔的影响，梅洛-庞蒂的哲学以克服"主—客"分离的二元论模式为出发点。他遵循"回到事情本身"的口号，运用现象学还原的方法进行还原。但他与胡塞尔的理论也有不同之处。

胡塞尔还原到纯粹意识与先验自我的层面，其最后还是陷入了一个"自我"主体性的意识领域。而梅洛-庞蒂则开启另外一条路，他要还原到一个主客之间的模糊的中性地带，一个意义得以展开的前反思、前逻辑、前意识的领域。

随后，梅洛-庞蒂提出了"知觉理论"。

不同于生理学与主观主义，梅洛-庞蒂提出的"知觉"是主客体之间非常模糊的存在经验。知觉领域是主客体得以展开、彼此分化的前提和基础，在这个领域里，主客是相互渗透、暧昧不清的关系。

关于主客体交织的承载者，梅洛-庞蒂提出了一个模棱两可的身体概念，即"身体—主体"。"身体—主体"是一个知觉场和意义的发生境域，既具有肉体性，又具有精神性。在后期，梅洛-庞蒂用"肉"这个概念来阐述"身体—主体"概念。

总体而言，梅洛-庞蒂以反笛卡尔二元论为出发点，采用现象学还原的方式，还原到知觉领域，而实现知觉功能的承载者便是身体。但不同于传统方式，梅洛-庞蒂赋予身体全新的内涵，他提出"身体—主体"概念来消解二元矛盾。

他试图还原的是主客之间的模糊和暧昧地带，因此梅洛-庞蒂被认为是具有暧昧性的哲学家。

伽达默尔

伽达默尔的解释学并不是方法论意义上的解释，而是本体论意义上的解释学。他将"解释和理解"活动本身当作人的根本存在方式，人怎样理解、领会世界，人就怎样显现自身。

伽达默尔的总思路是要探讨"理解何以可能"的问题，即理解与解释行为本身如何展开以及需要什么条件等。于是，他运用现象学的方法，回到理解行为之前的境域，透过理解者和理解对象之间的关系来破解迷局。

伽达默尔通过"理解的历史性"引出了"效果历史"的概念，进而引出"处境和视域"的概念，最后落脚于"视域融合"。如果理解者和理解对象的视域能融合起来，那么"理解"便得以可能；如果视域无法融合，"理解"则无法发生。

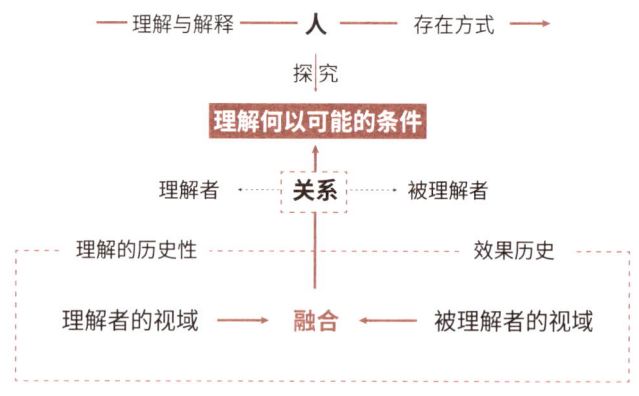

●○● 伽达默尔的哲学思路

第三篇章

解构的快感

什么是解构主义？

解构主义是西方后现代哲学思潮的重要组成部分，它从根基上摧毁传统哲学构建的"同一性"，否定理性秩序的神圣性和崇高性，拒绝宏大的叙事风格，寻求碎片性和多元性。在哲学史上，解构主义表达出"反本质""反基础""反逻各斯中心主义"的态度，其目标就是消解传统秩序的统治、铲除传统理性的根基。

本篇章，我们将介绍两位法国解构主义者——米歇尔·福柯与雅克·德里达。

福柯是后现代主义大师级的人物，也是一个非常奇特的人。他热衷于追求极致的巅峰体验，并从中获得快感，进而进行哲学创作。福柯的理论分为两大部分：知识考古学与系谱学。我们将从《疯癫与文明》《词与物》《规训与惩罚》《性经验史》等著作切入，探究福柯对现代性的反叛。

德里达也是一位叛逆的思想者。他的解构主义正是对传统哲学思维方式和话语系统的彻底消解，他要反抗的是西方传统形而上学的"逻各斯中心主义"。我们将通过对解构的武器——"延异、播撒和踪迹"等概念的剖析，去理解德里达的解构策略。

第三篇章 解构的快感

本篇章概览

哲学家

福柯丨德里达

本篇章流派

解构主义

本篇章话题

⊙ 疯癫与文明　　⊙ 词与物

⊙ 人之死　　　　⊙ 规训与惩罚

⊙ 性经验史　　　⊙ 解构的武器

01
福柯：去过自由的生活

他是 20 世纪最具影响力的法国哲学家，
也是后现代主义大师级的人物。
他偏执而疯狂，孤僻而暴躁；
他迷恋极限的体验，追求销魂的快感。
他在同性恋浴室大声呻吟，热衷于性虐待的游戏。
他种植大麻，服用迷幻剂；
他在飘飘欲仙中撞向汽车。
他探讨疯癫、犯罪、监狱、同性恋等边缘话题，
他向往濒临死亡之快感，迷恋崩溃之狂乱；
他的极限体验塑造了他的哲学风格。
只有在梦幻的兴奋中，
他才能生发出对生命的全新顿悟，
才能寻找到批判与解构理性的哲学依据。
他曾说：
从存在中取得最大收获和最大乐趣的秘诀，

就是去过危险的生活。

他，就是法国哲学家米歇尔·福柯。

米歇尔·福柯（Michel Foucault，1926—1984年），法国哲学家和思想史学家、社会理论家、语言学家、文学评论家、性学家。他对文学评论及其理论、哲学（尤其在法语国家中）、批评理论、历史学、科学史（尤其医学史）、批评教育学和知识社会学等都有很大的影响。

福柯是一位自带气场的哲学家。他一改传统哲学家刻板、严谨的学者形象，以一种极端的展现方式，带给哲学阵阵快感。

他就像一个癫狂的疯子，其身体流淌着躁动的血液。他迷恋各种极端体验，热衷尝试各类极端行为，以追求极限的刺激和快感。正是这独特的性格，使得他骨子里就透着一种反叛精神：他要解构现代理性和人的主体性，摧毁传统理论的根基。

福柯其人

1926年10月15日，福柯出生于法国西部的古城普瓦提埃，于1984年6月25日去世，其死因为世界性难题——艾滋病。福柯一生总共活了五十八年,这也是充满着极限体验的五十八年。

福柯从小生活在较为富裕的中产阶级家庭,他的父亲是一位外科医生。为了锻炼福柯的勇气,父亲将他带进医院的手术室观看截肢手术,这对福柯的幼小心灵产生了极大的震颤。福柯也曾目睹过这样的场景:家乡的一个女孩因未婚先孕,她的孩子刚出生就被溺死,于是女孩被逼成精神失常。可以说,青少年时期的福柯,就已经有了对"死亡和癫狂"的感观体验。

1940年,十四岁的福柯进入圣斯塔尼斯教会高级学校学习。非常注重课外学习的福柯对历史产生了浓厚兴趣,阅读了许多历史类书籍,这也为他后来从历史的角度阐述哲学问题奠定了基础。

1942年,福柯进入中学学习的最后阶段。在法国,中学的毕业班都开设有哲学课,福柯此时开始阅读柏拉图、笛卡尔、帕斯卡尔和柏格森等哲学家的著作,并对哲学产生了浓厚兴趣。

1946年,福柯进入巴黎高等师范学院学习,师从阿尔都塞、伊波利特等名师。那时,福柯苦恼于自己的同性恋倾向,于是他发奋学习,广泛涉猎心理学、精神分析学和精神病学等学科知识。他的脾气日益暴躁,性格也逐渐孤僻,他更愿意独来独往,沉浸于自己的世界里。他曾试图用剃刀划破自己的胸脯,躺在地上流血,他也曾舞着剑在夜晚追着同学奔跑……福柯逐渐暴露出某种疯狂的倾向,并对"疯癫"和"性欲"等小众领域话题产生了研究兴趣。

1948年,福柯获得哲学学士学位,第二年获得心理学学士学位。1961年,其博士学位论文《疯癫与文明》获得通过后,福柯便任教于法国中部的克列蒙-费朗大学。

从1969年起,福柯不断参加各种政治抗议活动,他冒死投身于极左派的非法政治运动,支持学生造反。他和学生一起爬上高高的楼顶,然后向警察抛掷瓦片,他参与示威群众和军警的街头激战,他成为了仅次于萨特的法国左派知识分子的一面旗帜。

迷恋销魂的人生游戏

福柯绝不是一个规规矩矩的常人,他对人生极限体验的迷恋达到一种极端的境地。据说,有一次他服用大麻后走向大街,在飘飘欲仙中冲向一辆正在驶来的汽车。如果是常人一定会吓到魂飞魄散,但福柯没有,在濒临死亡的一瞬间,他感受到了一种极大的快乐,如同酒神狄奥尼索斯附体,在迷幻的醉梦中生发出了对生命的全新感受。

福柯还热衷于美国的"同性恋文化"。1970 年左右,美国旧金山成为美国男同性恋者的圣地,"群居、乱交,在这里蔚然成风,多种形式的变态行为也在公开泛滥"①,男同性恋夜总会和公共浴室以及各种"狂欢室"纷纷涌现,"人们大规模地试验新的自我表现方式、新的放荡方式、新的毒品和性爱的混合方式、新的(常常极其富于想象力的)'肉体与快感'的结合方式"。② 福柯对这样的体验心向往之,他来到这些场所,只为寻找更为巅峰的肉体快感。在公共浴室里的游戏具有着"不可预测的、匿名的、随意的"特征,如福柯所说:"我认为,性可以像在公共浴室里那样发生作用,这

---

① [美]詹姆斯·米勒.福柯的生死爱欲[M].高毅,译.上海:上海人民出版社,2017:388.
② [美]詹姆斯·米勒.福柯的生死爱欲[M].高毅,译.上海:上海人民出版社,2017:389.

一点从政治上看是重要的。你在那里与人会面时,彼此都只是一具肉体,一具供互相结合、产生快感的肉体。你不再被困禁在你自己的面目、自己的过去、自己的身份里了。"①

是的,这种极端的快感,对福柯来说有着非凡的哲学意义。在福柯这里,"工作是哲学,而生活也是哲学"。② 在这种彻底释放自我的境域里,福柯才能真正地做自己,才能生发出对哲学的全新顿悟。

他迷恋这种销魂的游戏,他渴望濒临死亡和崩溃的体验,他试图打破意识与无意识、理性与非理性、极乐的快感与绝望的痛苦以及生命与死亡的界限。唯有如此,他才能以消解自我主体的方式,步入思考的绝佳境地。

换言之,如果没有这些极限的体验,或许成就不了福柯,因为他很难有勇气和力量冲破重重枷锁和束缚。从另一个角度来说,福柯也在用一种极端的方式反抗加之其身的压迫。

或许正是因为过度追求极限体验,福柯染上了艾滋病,为此他付出了生命的代价。但这就是福柯,没有什么可以阻挡他对自由的向往。

福柯的一生可谓著述颇丰,主要代表作有《疯癫与文明》《临床医学的诞生》《词与物》《知识考古学》《规训与惩罚》以及《性经验史》等。

---

① [美]詹姆斯·米勒.福柯的生死爱欲[M].高毅,译.上海:上海人民出版社,2017:401.
② [美]詹姆斯·米勒.福柯的生死爱欲[M].高毅,译.上海:上海人民出版社,2017:译者序第6页.

福柯哲学的特点与阶段

整体而言，福柯的哲学研究并不是按照传统哲学的探究方式，即讨论形而上学问题进行晦涩的论证、构建宏大的体系等而展开的，他是从历史角度进行的哲学反思。

但福柯又不同于一般的历史学家仅仅阐述历史事实，他是基于对历史的素材，即疯癫史或精神病史、性的历史等领域的具体素材的梳理，进而做出哲学层面的批判。也就是说，福柯的哲学批判，其背后总是有着史实作为依据和支撑。

以 1969 年为界，福柯的理论分为两个阶段：知识考古学和系谱学。

知识考古学意味着这样一种研究方法：深入知识的深层，厘清知识的来龙去脉，挖掘被掩盖的知识的根基问题，找出平时人们不

● 福柯哲学脉络

太注意或忽略的要素,从而对其进行解构与消解。《疯癫与文明》《词与物》等便是福柯知识考古学领域的重要著作。

系谱学这一概念来源于尼采。福柯将尼采进行道德分析的方法,即系谱学方法,发展成一种普遍的哲学方法。这有点类似查家谱,将各个概念背后的关联点梳理出来,找到概念背后的核心要素,进而达到解构的目的。《规训与惩罚》《性经验史》便是福柯系谱学研究的重要著作,他通过对监狱问题与性问题的探讨,挖掘出其背后的核心要素——"权力"。

02
福柯：疯癫与文明（上）
疯癫是一种病吗

在《疯癫与文明》里，福柯以"疯癫"现象为切入，考察精神病学的起源和历史，挖掘知识背后的根基，从而消解现代理性的崇高性。

福柯的质疑

从常识来说，我们会认为"疯癫"是一种不正常的、非理性的病态现象，也会不自觉地将"疯癫"视为理性的对立面。

但福柯质疑：为什么"疯癫"成为了理性的对立面？"疯癫"和理性的分裂是天然存在的吗？为什么"疯癫"会被视为一种疾病，被人们排斥呢？现代人用看似理性的方式将"疯癫"视为一种精神病，这个行为本身是理性的吗？人们之所以将疯癫者视为异类，这难道不是一种话语和制度构建出来的结果吗？

于是，福柯深入疯癫史，以精神病的历史起源问题为切入点，探寻以上问题的答案。下面,我们先来看看历史上人们对"疯癫"所持的态度。

对待"疯癫"的历史态度

福柯经考察发现,在 17 世纪之前,"疯癫"并没有被人们当作疾病。

在古希腊时期,柏拉图的态度便是:迷狂是理性发展的最高阶段。也就是说,理性思考的最佳境界是迷狂之境,人会被思想的火花点燃而疯狂起来。

到中世纪时期,癫狂一方面与人的堕落相联系,另一方面与人的神圣的拯救相联系。我们可通过文艺复兴时期的作品《愚人船》来理解。

中世纪晚期,疯人们登上"愚人船",而后被送往大海任其漂泊。"这种船载着那些精神错乱的乘客从一个城镇航行到另一个城镇。疯人因此便过着一种轻松自在的流浪生活"[1]。"它不仅将人带走,而且还有另外的作用——净化。"[2]

也就是说,虽然"愚人船"被视为处置疯人的一种方式,但它也有着"净化"的意图——疯人们乘坐"愚人船"开启了一趟朝圣的旅行,从而获得理性的救赎。"愚人船"成为了疯人寻找理性的

---

[1] [法]米歇尔·福柯.疯癫与文明[M].刘北成,杨远婴,译.北京:生活·读书·新知三联书店,2012:10.

[2] [法]米歇尔·福柯.疯癫与文明[M].刘北成,杨远婴,译.北京:生活·读书·新知三联书店,2012:13.

工具。

正如福柯在《疯癫与文明》所说：

"航行使人面对不确定的命运。在水上，任何人都只能听天由命。每一次出航都可能是最后一次。疯人乘上愚人船是为了到另一个世界去。"①

"这些萦绕着整个文艺复兴早期想象力的愚人船很可能是朝圣船。那些具有强烈象征意义的疯人乘客是去寻找自己的理性。"②

可见那个时期的西方社会和文化环境还是能接受"疯癫"的现象的，

● ● 耶罗尼米斯·博斯（Hieronymus Bosch）作品《愚人船》

理性和非理性之间并没有明确的界限。人们也没有严格规定应该采取哪种方式，不应该采取哪种方式。

---

① ［法］米歇尔·福柯.疯癫与文明［M］.刘北成，杨远婴，译.北京：生活·读书·新知三联书店，2012：13.
② ［法］米歇尔·福柯.疯癫与文明［M］.刘北成，杨远婴，译.北京：生活·读书·新知三联书店，2012：11-12.

总之在 17 世纪之前，疯人并不是被整个社会防范的对象，"疯癫"也并没有被视为排斥、整治和控制的疾病。

03
福柯：疯癫与文明（下）
野蛮霸道的现代理性

17世纪以后，人们对"疯癫"的态度发生了根本性的变化："疯癫"成为理性的对立面，被确立为一种精神病；疯癫者成为一群非理智的、需要加以治疗的病人；人们开始排斥"疯癫"现象并远离疯癫者。这样的观念从古典时期——17世纪至18世纪一直持续到了现代。

那么，人们对待"疯癫"态度转变的原因是什么？要回答这个问题，我们要先从历史上爆发的一场麻风病讲起。

一场麻风病带来的改变

从中世纪鼎盛时期到十字军东征结束的这段时间，整个欧洲爆发了一场大规模的麻风病①。为抵御这场灾难，社会兴起了许多用于隔离患者的麻风病院。福柯考察到，"有麻风病院的城市成倍的增加，

---
① 麻风病是一种具有传染性的疾病。

遍及整个欧洲"。①

由于隔离措施得当,加之在十字军东征结束后切断了东方的病源,这场肆虐已久的麻风病逐渐得到控制。

瘟疫过后,一系列社会问题也接踵而至。用于隔离的麻风病院处于闲置状态,势必会造成极大的社会资源的浪费。那么,该如何处置这些闲置的场所呢?当时的法国政府一拍脑门,索性决定将罪犯、穷人、失业者以及疯人一起关进去。自 17 世纪后,社会上出现了许多大型的禁闭所。

大禁闭的时代

最初,"禁闭"(将囚犯囚禁于高墙之内)作为一种治安手段,以防止引发社会骚乱。但此时,政府将疯人同囚犯混在一起关起来,便存在着很大问题。

疯人并没有杀人放火、违法乱纪,只不过就是精神疯癫罢了。

而如果将疯人同失业者、罪犯等混在一起囚禁,会产生怎样的后果?人们就会以看待失业者和罪犯的视角来看待疯子。正如福柯所说:"此时人们从贫困、没有工作能力、没有与群体融合的能力的社会角度来感知疯癫;此时,疯癫开始被列为城市的问题。"②

在无形中,疯人被归为与失业者、罪犯等被社会排斥的行列,

---

① [法]米歇尔·福柯. 疯癫与文明[M]. 刘北成,杨远婴,译. 北京:生活·读书·新知三联书店,2012:6.

② [法]米歇尔·福柯. 疯癫与文明[M]. 刘北成,杨远婴,译. 北京:生活·读书·新知三联书店,2012:62.

被贴上非理性、非道德的标签。这种"乱炖式"的禁闭，正是当时资产阶级将所有对它无用之人和有威胁之人驱逐到另一个世界的方式。疯人成为了与罪犯一样的被防范和被管制的对象。逐渐，社会对疯癫者的态度发生了转变，"疯癫"也成为了社会要加以注意和研究的一种疾病。

人们一旦形成了这样的感受，这就为理性和非理性之间划出了一道界限，理性和非理性不再如之前那样可以彼此沟通。现在，理性是理性，非理性就是理性的对立面。

到了19世纪初，社会出现了将罪犯和疯人分开管理的呼声，这无疑加重了人们区别对待疯人的意识。随后，新的疯人院和现代精神病院兴起，疯人们被专门集中起来进行治疗。疯人院是对大禁闭制度的一种强化，"疯癫"也被正式确立为精神病。

经过对疯癫史的考察与梳理，福柯找到了人们对"疯癫"态度发生转变的原因。"疯癫"被人们视为疾病，并非经由知识的论证得出，而是由于历史的偶然事件——麻风病的灭绝和大禁闭时代的到来使然。也就是说，正因为"将闲置的隔离场所用于囚禁罪犯和疯人"这一偶然事件，使得疯人被置于了与罪犯同等被排斥的位置，"疯癫"才被社会列为一种要加以控制和防范的疾病。

福柯认为，"疯癫被视为一种疾病"的过程存在着很大的问题，他对此进行了哲学上的批判。

福柯的批判

理性的话语体系

在特定的历史条件下，人们将疯人规定为非正常、非理性的一类，将"疯癫"视为一种被排斥的疾病，这正是现代理性的话语体系、制度体系规定和构造的结果。

现代理性的话语体系规定着：什么是理性，什么是非理性；什么是正常人，什么是疯子；什么是对的，什么是错的；什么是应该提倡的，什么是应该排斥的……这些条条框框已自带正常与非正常的预设立场。

当人们站在理性立场的话语体系里，用这套理性的规范制度去审视疯人的行为时，就会得出"疯癫是非理性行为，疯人是非理性之人"的结论。换言之，正是在现代理性的陪衬下，疯人才显得非理性，才显得是异类。

就拿"什么是黑，什么是白"这个问题来说，如果世界只有一种颜色，你还会有黑和白的概念吗？黑之所以是黑，是因为有白的衬托；而白之所以是白，是因为有黑作为对比。当你站在白的立场，黑自然就成为你的对立面。

同理，如果世界只有疯人这一类人，世界就是一个疯人的世界，那么"疯癫"就成为了社会的标尺，理性又从何而来？而人们之所以把疯人预设为不正常、非理性的人，那是因为人们站在理性的立场，身处理性构建的话语体系里对世界进行预设的结果。

在如此话语体系下，人需要不断强化这样的信念：理性才是标准本身，按照这套体系的规则行事说话、做一个被规则规定出来的人才是正常的；凡是违反了这些规则的人，就会被视为被排斥的对象。这套规则无时无刻不在规训着每一个人，并把人塑造为这个体系希望的那类人。

理性的非理性要素

从理性的角度看，将"疯癫"确定为一种精神疾病，是需要一套严谨的知识论证过程的。但福柯经过考察发现，正因一系列偶然的事件，比如，为了处置当时闲置的麻风病院，为了填补空位而将疯人与罪犯关在一起，使得"疯癫"被逐步确定为一种疾病。整个过程具有历史偶然性，现代理性的这套方式——将"疯癫视为一种疾病"，恰恰一点儿也不理性。

这里存在一个问题：人们试图通过理性统治世界，但理性的标准并不是来自知识的论证，而是偶然因素使然。现代文明貌似以理性的方式呈现，但实则显露出非理性的本质。

可见，现代文明一点也不文明，现代理性因丧失了崇高性而变得野蛮霸道。

通过对疯癫史的素材梳理，福柯彻底消解了现代理性的基石。之后在《词与物》这部著作中，他对"人的主体性"也予以了消解。

04 福柯：词与物（上）
人文科学的考古学

《词与物》是福柯最重要的成名作之一，至今已经被翻译成了六十多种文字，对世界的学术发展产生了重要影响。

词与物：人文科学的考古学

在《词与物》中，福柯没有分析"什么是词与物"，而是深入思想史脉络进行哲学的批判。

从这部著作的副标题——"人文科学的考古学"可以看出，福柯试图考察西方文化的历史发展阶段，以及不同阶段知识背后的深层结构、秩序与规则等问题，即知识型问题，从而"驱除了笼罩在当代知识形式的决定性条件之上的人类学主体主义迷雾"[①]。

通俗来说，福柯通过对知识型的研究，以达到消解人之主体性

---

① [法]米歇尔·福柯. 词与物：人文科学的考古学[M]. 莫伟民, 译. 上海：上海三联书店，2016：1.

的目的。

什么是"知识型"

什么是"知识型"？我们不妨先回忆一下柏拉图的"理念论"：万事万物的现象背后都存在着理念的型相，理念是思想实体，现象是对理念的分有与模仿。

而福柯的研究对象是知识，他认为知识背后也存在着知识的模型，如知识的普遍确定性原则、特定结构和内在秩序等，它决定着此类知识是其所是。那么，这一类知识的模型就是"知识型"。

比如，"太阳东升西落"和"果子熟透了就会从树上掉落于地"这两个知识命题的背后，都遵循着同一套确定性的规则——对世间万物进行再现和表象，即客观反映自然现象和自然规律。

那么，福柯考察到西方历史上有哪些知识型呢？各个阶段知识型的特征又是什么呢？

05
福柯：词与物（下）
知识型与"人之死"

福柯认为，自文艺复兴时期到 20 世纪初，整个西方文化和知识史分为三个发展时期：16 世纪的文艺复兴时期、17 世纪至 18 世纪的古典时期、18 世纪末到 19 世纪初的现代时期。

这三个阶段的知识型分别是相似型、表象型和自我表象型。

文艺复兴时期：相似型

自文艺复兴以来,知识型是"相似型",知识具有"相似性"特征。福柯说：

> 直到 16 世纪末，相似性（la ressemblance）在西方文化知识中一直起着创建者的作用。正是相似性在很大程度上引导着对文本的注解与解释；正是相似性才组织着符号的游戏，使人类认识种种可见的和不可见的事物，并引导着对这些事物进

行表象的艺术。①

如何理解"相似"的特征？我们在写作时会运用"比喻"的修辞手法——把一个事物比喻成另一个事物，其原理正是因为两个事物（符号）之间具有相似性。比如"弯弯的月亮就像一条小船挂在夜空中"，"弯弯的月亮"和"小船"的形状相似，"夜空"就像一片汪洋大海，"月亮在夜空中"就如同"小船在大海中"。

用福柯的话来说，"许多概念在思想表面上相互交叉、相互重叠、相互支持或相互限制"②。他提出了四种基本的相似性的形式："适合""仿效""类推"和"交感"。这里大家稍做理解即可。

适合

"适合"指的是位置上的邻近，即空间上相连的性质。比如，不同存在物相互适合——"植物与动物相交往，陆地与海洋相联系，人与周遭一切打交道"③等，它们同处于一个空间，"它们的边界彼此接触，它们的边缘彼此混合，一物的末端意指着另一物的开头。以此方式，运动相通，影响、激情和属性也相通。因而，一种相似性就出现在物与物之间的这一结合处。"④

---

① ［法］米歇尔·福柯.词与物：人文科学的考古学［M］.莫伟民，译.上海：上海三联书店，2016：18.
② ［法］米歇尔·福柯.词与物：人文科学的考古学［M］.莫伟民，译.上海：上海三联书店，2016：19.
③④ 同上。

仿效

"仿效"指形象的相仿,即形象上的相似。比如,"眼睛之于脸犹如日月之于天空","眼睛"与"日月","脸"与"天空"有着形象上的相似性。还有上文提到的"弯弯的月亮就像一条小船挂在夜空中",也是"仿效"的相似性的体现。

类推

"类推"即"类似",是指关系上的相似。比如,"世界是一个大宇宙,而人的内心就是一个小宇宙","星星和天空的关系就类似于植物与大地的关系"。

交感

"交感"或叫"心似",是指性质上的相似。这也是最为重要的相似性。"交感自由地在宇宙深处发挥作用"[1],将性质上相像的东西联系在一起。比如自然元素之间的联系,向日葵向着太阳旋转,植物之根趋向于水,等等。

以上是对文艺复兴时期的知识型"相似型"的介绍。从 17 世纪开始,知识型发生了变化。

---

[1] [法]米歇尔·福柯.词与物:人文科学的考古学[M].莫伟民,译.上海:上海三联书店,2016:25.

古典时期：表象型

17 世纪至 18 世纪古典时期的知识型叫"表象型"，知识的本质即"表象世界与再现世界"。

有一个比喻"心灵是自然之镜"，便是对这一时期知识型特点的描述。心灵如同一面镜子，将自然界的一切现象原封不动地反射出来，即"表象型"的知识要如实表象和反映自然世界的客观事物。自然科学知识便是这一时期的主要知识形式。

这里需要强调，"表象型"知识，其表象的对象是看得见的事物[①]。这一时期，人成为知识的主体和表象的主体。

现代时期：自我表象型

18 世纪末到 19 世纪初的现代时期，知识型从"表象型"转向"自我表象型"。这该如何理解呢？

古典时期，知识要表象与反映的是自然世界，即视觉上能看见的事物。而现代时期，知识的对象是视觉上不可见的、需要被抽象理解的东西，比如电磁学、经济学乃至文学等。这些"不可见"的知识，只有在人的世界和范畴内才得以可能，人自身也成为被研究与被表象的对象。

---

① 即通过观察或测量就能够把握到的知识。

所以在现代时期,人既是表象的主体,也是被表象的客体。这一时期的知识型便是"自我表象型"。

福柯通过考察发现,从古典时期到现代时期,人们逐渐从幕后走向台前。因为人自身就成为了知识的对象,成为了世界的中心。正是在此意义上,福柯道出"人之诞生""人是19世纪以来的产物"等论断。

"人的诞生"意味着全部知识归根结底来自人,人成为知识的王者。比如,我们现在学习的人文科学(以人为根基与核心的知识体系),如果没有"人",所谓的人文知识就烟消云散了。

可以说,现代时期"自我表象"的知识型成就了人类中心主义的观念——人成为了核心,人成为一切的尺度。

人之死

在历史发展的不同阶段,知识型在不断地发生变化。如果照此趋势,到当代时期,知识型的变化又会导致什么结果呢?

福柯认为它会导致"人之死",这也是《词与物》得出的一个结论。

"人之死"并非人生命的消亡,而是指人的主体性的消亡——人不再成为世界的主角,不再居于创造的中心位置。未来,人只不过是世界的一个螺丝钉,处在世界的大结构之中。

正如福柯在《词与物》的结尾所说:"人将被抹去,如同大海边沙滩上的一张脸。"①

以上便是《词与物》表达的核心观点。福柯通过考察文艺复兴时期、古典时期到现代时期知识型的变化,最后得出"人之死"的结论。这样的研究方式正是知识考古学的研究方式,即深入历史的素材,将各个阶段的结构予以挖掘,最后将其摧毁。

接下来,我们将对福柯后期的系谱学研究进行介绍。

---

① [法]米歇尔·福柯.词与物:人文科学的考古学[M].莫伟民,译.上海:上海三联书店,2016:392.

06
福柯：知识与权力同谋共生

自1969年起，福柯的思想逐渐从知识考古学转向系谱学的研究，其后期的代表作是《规训与惩罚》以及《性经验史》。

那么，系谱学所研究的内容是什么？系谱学与知识考古学的研究方式有何不同？

知识考古学与系谱学

知识考古学的研究方式，即通过对历史素材的追溯，在把握各个要素来龙去脉的基础上，整体挖掘隐藏在结构中的问题。比如在《疯癫与文明》中，福柯通过对疯癫史的考察，从历史脉络中挖掘其暗藏着的问题，从而对现代理性予以批判；在《词与物》里，福柯通过考察不同历史阶段的知识型，揭露人的主体性之消解问题。可以说，知识考古学主要研究的对象是知识。

而系谱学研究的重点是知识和权力的关系问题。福柯认为，在知识（话语）体系背后，还存在一个更为关键的要素权力以及一套机制在起作用。这个关键要素就是权力，这套机制就是权力机制。因此，权力要素成为系谱学要去探究的主要对象。

总体来说，福柯通过对权力要素的挖掘，去解释知识（话语）体系产生的原因，从而消解霸权主义。他的系谱学其实是对知识考古学方法的深化和发展。

下面我们从"知识（话语）体系"问题切入，去探究其背后的权力要素问题。

话语体系

知识体系即话语体系，通俗来说就是大家共同认可的价值体系。这套体系规定什么是应该追求的，什么是应该排斥的。每个人都会自觉地按照这套价值准则行事，按照这套公共的标尺塑造自我。比如，现代企业中的规章制度以及企业文化，就是话语（知识）体系的体现。你身为企业一员，要自觉遵守公司制度，如果违反规定就会被排斥。可以说，企业制度无形中在将你塑造为企业希望你成为的那一类员工。

福柯认为，在这套话语体系背后存在着一个更为根本的因素在隐隐发力，有一只看不见的手在指挥一切。这个根本要素正是权力。

话语（知识）总是跟权力纠缠在一起，有怎样的权力机制，就会产生怎样的话语体系和知识体系。正所谓"知识和权力同谋共生"。

那么，我们该怎么理解福柯所谓的"权力"呢？

权力

从常识来说，"权力"指一方对另一方施加的强制力量[①]，以实现一方对另一方的统治。比如旧制度下的君主（国王）就拥有至高无上的权力，其实施的酷刑就是君主权力的象征。这个层面的权力，是我们从宏观上理解的"可见的"权力。

而福柯并非从宏观层面探讨"权力"问题，如"什么是权力"以及"谁拥有权力"等，而是从微观层面探究"权力的运作机制"的问题。福柯所谓的"权力"，是指"微权力"。

他认为，在现代社会中，权力已经渗透于各个领域，人们无时无刻都要受到权力机制的控制。现代人好似身处一个披上文明与理性面纱的"规训的囚笼"。现代文明社会对人的塑造，是整个话语体系按照其自身的要求对人所进行的规训。人，最终都变为了整个体系所希望成为的那一类人。

那么，权力到底如何渗透于现代社会的方方面面？如此这般的权力机制又是何以可能的？微观层面的权力运作模式又是什么？

[①] 常伴有暴力和武力手段。

07
福柯：规训与惩罚（上）
作为公共景观的酷刑及其消失

《规训与惩罚》全书分为四大部分：酷刑、惩罚、规训和监狱。福柯通过对监狱史及惩罚机制[①]的考察，探寻权力模式的转变过程，以达到哲学批判的目的。

酷刑：公共的景观

在《规训与惩罚》开篇，福柯描绘了君主时期的酷刑场景：

> 1757 年 3 月 2 日，达米安（Damiens）因谋刺国王而被判处"在巴黎教堂大门前公开认罪"，他应"乘坐囚车，身穿囚衣，手持两磅重的蜡烛"，"被送到格列夫广场。那里将搭起刑台，用烧红的铁钳撕开他的胸膛和四肢上的肉，用硫黄烧焦

[①] 指从旧制度时期残暴的"酷刑惩罚"到 18 世纪末（包括法国大革命时期）的"人道主义温柔式惩罚"，乃至到 19 世纪以后的"现代规训技术的监狱制度"。

他持着弑君凶器的右手,再将熔化的铅汁、沸滚的松香、蜡和硫黄浇入撕裂的伤口,然后四马分肢,最后焚尸扬灰"(《达米安案件》,第 372—374 页)。①

可以说,"残忍"是旧制度酷刑的一大特点。犯人在忍受极端的身体痛苦后,才能被处死。

除此之外,酷刑制度还将这血腥场景公之于众,即采用公开行刑的方式达到震慑普通大众、彰显君主至高无上之权力的目的。公开行刑变为了一场惨烈的政治表演。

在那个时期,任何犯罪行为"是对君主人格的冒犯,因为法律体现了君主的意志"。② 任何犯罪行为"也是对君主人身的冒犯,因为法律的效力体现了君主的力量"。③ 所有对君主的攻击行为都是违法行为,君主有权对其处置,以实现个人的报复。

旧制度下的酷刑是一种"公共的景观"。君主将"酷刑"当作自己的权力技术,通过营造惨烈的血腥场景以制造恐怖的效果震慑围观群众。"酷刑"是一种以最壮观的情景体现君权的无限存在的制度。

---

① [法]米歇尔.福柯.规训与惩罚[M].刘北成,杨远婴,译.北京:生活·读书·新知三联书店,2012:3.
② [法]米歇尔.福柯.规训与惩罚[M].刘北成,杨远婴,译.北京:生活·读书·新知三联书店,2012:52.
③ 同上。

酷刑的消失

随着历史发展,公开处决方式的酷刑制度逐渐式微,并消失于历史舞台。如福柯所说:

> 作为一种公共景观的酷刑消失了。今天我们可能对此不以为然。但在当时,或许这曾引发了无数慷慨激昂的华丽文字,或许这曾被人兴奋地大肆渲染为"人性胜利"的进程,从而无须更深入地分析。①

针对"酷刑消失"现象的原因,福柯从历史角度予以了分析:

第一,他发现,在公开的处决仪式中,有一些犯人并不惧怕酷刑手段,他们表现出宁死不屈的大无畏精神。这时,犯人反倒成为了"英雄",君主成为了大众的笑柄。

第二,不公正的处罚往往会激起民变,民众逐渐开始抵抗这种惩罚机制。"民众被召来观看旨在恫吓他们的场面,而他们则可能表现出对惩罚权力的拒斥,有时会发生暴乱。"②

第三,随着启蒙运动的开展,"以人为本"的启蒙思想,即反对封建专制,提倡民主自由等逐渐深入人心。基于人道主义的立场,酷刑制度被人们视为一种违背人性的、暴虐的君主专制手段。

在启蒙主义者看来,理性与文明才是社会发展的总趋势,统治

---

① [法]米歇尔·福柯.规训与惩罚[M].刘北成,杨远婴,译.北京:生活·读书·新知三联书店,2012:7-8.
② [法]米歇尔·福柯.规训与惩罚[M].刘北成,杨远婴,译.北京:生活·读书·新知三联书店,2012:65.

者不能再将极端的血腥酷刑当作权力技术,而应采取一套现代的惩罚机制,以体现人道主义的光辉。

08
福柯：规训与惩罚（下）
现代社会是一所"大监狱"

启蒙运动以后，酷刑制度逐渐消失，现代监狱制度便应运而生。

现代监狱制度

在现代阶段，触犯刑法的罪犯会被送到一个与社会隔离的空间——监狱，进行改造。此时的"惩罚"不再具有任意性和残暴性，而是一种"温和的惩罚"——不以折磨罪犯的身体或彰显统治者的权威为目的，而是以私密的方式对罪犯进行精神层面的治疗、规训与教育，将违法者改造成符合制度规范的驯顺的个体，最终防止罪行重演，维护社会治安。

现代监狱制度的核心便是"生产"驯顺的身体，它是最能同时体现"惩罚"与"规训"权力的机制。具体来说，以下三种"约束技术"便是监狱制度系统的规训技术手段。

约束技术

一是层级监视

通俗理解,"层级监视"就是进行监控的意思。将罪犯隔离在一个个小房间里,透过门上的小窗户便可监视罪犯每时每刻的举动。

福柯列举了边沁提出的"环视塔"的监狱模式,即圆形的、全景敞视的监控系统。

狱警站在中心位置,便可一目了然地监视监狱里的每一个罪犯。如此,"在被囚禁者身上造成一种有意识的和持续的可见状态,从而确保权力自动地发挥作用"。[①]

也就是说,当监狱里的罪犯总感觉有人在监视自己时,其行动

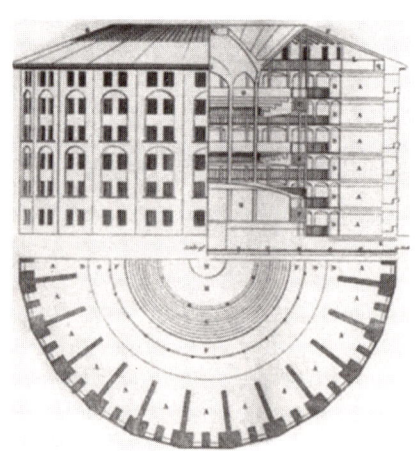

● ● 环形监狱

[①] [法]米歇尔·福柯. 规训与惩罚[M]. 刘北成, 杨远婴, 译. 北京: 生活·读书·新知三联书店, 2012: 226.

自然就受到了约束。这便是规训权力的一个手段，通过"层级监视"给罪犯施加压力，以达到约束效果。

二是规范化裁决

福柯说："在一切规训系统的核心都有一个小型处罚机制。它享有某种司法特权，有自己的法律、自己规定的罪行、特殊的审判形式。"①

也就是说，在监狱内部有一套奖惩机制，它是在法律明确规定的刑罚之外的一套纪律，是一种内部的处罚机制。

福柯介绍道：

> 在波莱骑士（Chevalier Paulet）孤儿院，每天早晨举行的审判会产生了一整套仪式："我们发现所有的学生都排队站立，整齐肃穆，似乎准备投入战斗。军令长是一位十六岁的年轻绅士，他手握剑，站在队伍外。在他的指挥下，队伍在跑动中改变队形，组成一个环形。军官会议在中心点举行。军官报告过去24小时内各自队伍的情况。被告可以为自己辩护，证人当场作证，军官会议进行磋商，在达成一致意见后，由军令长宣布犯错者人数，错误性质和惩罚命令。然后队伍便井然有序地出发。"（Pictet）②

---

① ［法］米歇尔·福柯.规训与惩罚［M］.刘北成，杨远婴，译.北京：生活·读书·新知三联书店，2012：201.
② 同上。

这就是"规范化裁决"的体现。在这个特定的队伍里,有一套内部的处罚机制,对符合这套标准的要予以奖励,不符合标准的予以惩罚。

三是检查

"检查把层级监视的技术与规范化裁决的技术结合起来。它是一种追求规范化的目光,一种能够导致定性、分类和惩罚的监视。"[1]

通俗理解,"检查"就是对惩罚对象进行定性化的贴标签式的管理方法,即考察和评判此罪犯是怎样的罪犯,比如,其过往的改造情况如何,在改造过程中哪些地方表现得好,哪些地方还不足,犯了什么错误,等等,并将这些情况用书面文字的形式记录下来,形成个人的档案。

这个过程既体现出"层级监视"的技术(因为只有对其监视才能得出结论),又体现出"规范化裁决"的技术(因为给罪犯下定论的标准正是来自制定好的规范制度)。

当罪犯的所有行为被记录下来并被加以评判形成文字时,其个人档案的信息便随时可被人查阅。那么,罪犯就会受到这套检查机制的约束。罪犯不得不好好表现,哪怕只为了档案上记录得"好看"一些。

---

[1] [法]米歇尔·福柯.规训与惩罚[M].刘北成,杨远婴,译.北京:生活·读书·新知三联书店,2012:208.

现代社会是一所"大监狱"

基于监狱制度的三种约束技术,福柯进行了理论的延伸。

在他看来,规训制度已从监狱内部拓展到了外部社会的各个角落,军队、学校、医院、工厂乃至于我们现代社会中的公司、社区,都受到约束技术的影响。

各类公共场所布满的摄像头,即"层级监视";学校的校规、班规以及工厂的规章制度,即"规范化裁决";各类考试以及档案系统,即"检查",等等,对我们每个人的生活进行着管理与制约。

现代社会仿佛是一所"大监狱"。受制于这套微权力的运作模式,每个人都将丧失自我个性,变得既听话又温顺。如此规训制度塑造出来的个体,不过是各种政治权力"生产"的驯顺身体。

那么我们就要问,自启蒙运动以后,社会不是倡导人道主义吗?以人道主义为目的的规训惩罚制度,即现代的监狱制度倡导的人性何在?

在福柯看来,人道主义走向了自己的反面,以现代理性和文明为外衣的制度,最后却压抑了人性的解放。现代社会不过是一个权力无处不在,以管理和控制为目的的规训社会。

权力就像是一架包罗万象的机器,任何人都无法逃脱。所谓的现代文明不过是一层亮丽的权力遮羞布。现代文明,其实一点也不"文明"。

毁灭性的批判

福柯经由历史的考察，挖掘出权力机制的变化——从暴力的惩罚到温情的约束，从宏观的震慑到微观的监控，都对现代社会与现代文明予以尖锐批判。现代社会的规训权力体系，只需要听话的身体、温顺的身体，而不允许叛逆的身体、反抗的身体。

我们站在现代视角来看，福柯将"权力"有些夸大了，学界也有人认为福柯犯了"泛权力化"的错误。因为如果管理者合理运用规训权力，将有助于社会秩序的稳定，如果滥用这样的权力，才会出现混乱。

但福柯全盘否定了规训权力，他的理论带有极端的解构色彩。因此我们说他的批判不是建构性的批判，而是毁灭性的批判。他是为了批判而批判，为了解构而解构。

当然，福柯的理论为我们提供了另一种思考的可能。对于入门哲学史的朋友来说，我们理解这种独特视角即可。

在《规训与惩罚》中，福柯通过对监狱历史的考察，探究其背后的权力机制及其运作模式等问题。接下来，我们来看看福柯如何从性的层面对权力进行批判。

09 福柯：性经验史

福柯一生追求极限生存方式，他以这种方式获得存在感。后期，他研究爱欲与文明。《性经验史》是福柯人生中的最后一部重要著作，他通过对性问题的历史考察，探究其背后的权力机制。

对权力的哲学批判

福柯写作《性经验史》，旨在透过人类性行为的历史进行哲学层面的探究。福柯说：

> 这么多世纪以来，在我们的社会中，把性与真理的追求连结在一道的线索是什么。……性为什么不是一种简单的对种族、家庭和个人进行再生产的手段？为什么它不单是获取快乐和享受的手段？为什么性最终被认为是我们最"深刻"的真理藏身

和表白的地方?①

可见,福柯要探究的是"性"背后所隐藏着的关于自身"真理"的知识:是什么规定着不同时期人们的性观念?人们受环境影响所形成的性的认知②或性的话语体系③是如何被建构起来的?其背后的权力运作机制是什么?权力如何渗透到私密的身体和性的领域,对人的主体性进行塑造的?

我们不妨通过福柯对上述问题的梳理,来找寻答案。

从古希腊到中世纪时期

在古希腊时期,"性"被视作最纯粹的原始肉欲本能,人们在性活动中尽情享受快感,追求灵魂与肉体契合的美学体验。比如,柏拉图在《会饮篇》中借苏格拉底之口提出的性爱理论,即双方要在精神共舞的基础上进行身体的交融,以获得最大限度的灵肉快感。

在两性生活中,古希腊和罗马人特别注重养生,提出了"快感养生法",比如,人应该有节制地进行性活动。需要注意的是,人们提倡节制性欲并非彻底消除欲望,而是为了获得更大程度上的激情,享受更大程度的快感。

---

① [法]米歇尔·福柯. 权力的眼睛:福柯访谈录[M]. 严锋,译. 上海:上海人民出版社,1997:35.
② 比如,你认为性是身体的本能释放,是私人的活动;同样你也会认为性是有道德的,性活动有着正常与病态之分,我们要追求的是健康的性活动。
③ 指经由道德、规则和法律塑造之后形成的"性"。

可以说，古代时期的"性"就是纯粹的"性"，即私密的肉欲活动。人之主体是性欲的控制者，性活动仅仅被人们视为获得快感的方式。

到了中世纪时期，特别是基督教诞生之后，"性"逐渐变为一个解释学的问题。也就是说，人们从何种角度解释"性"，"性"就具有何种意味。在宗教文化的氛围里，人们将"性"与"原罪""邪恶"联系起来，通过"忏悔"表达对"性"的理解。

这一阶段，人们对"性"的理解发生了微妙的变化，开始尝试从性的层面探寻存在之真理的问题，性问题逐渐迈向现代性的语境。

但真正使得"性"成为一种话语体系，即权力渗透于性的领域，是自18世纪以后发生的事情。

18世纪以后

福柯提出："我们到了18世纪才有性的机器（性的话语体系），到了19世纪才有性。在这之前无疑只有肉欲。"①

从常识来说，机器的特点就是可以进行模式化、标准化的生产活动。福柯从哲学上这样解释"机器"：

> 我用这个术语试图表明，首先，一种彻底异质的集合，由话语、制度、建筑形式、规范性的决策、法律、行政措施、科

---

① [法]米歇尔·福柯.权力的眼睛：福柯访谈录[M].严锋,译.上海：上海人民出版社，1997：186.

学陈述、哲学、道德和慈善事业所组成——简言之,所说的和所未曾说的。这些都是机器的要素。机器自身就是能够在这些要素之间建立起来的关系体系。其次,在这种机器中,我想找出异质要素之间所存在的关联的本质……经三,我所理解的"机器"代表了在特定历史阶段形成的结构,这种结构对"紧迫的需要"作出反应。①

除此之外,福柯还用"机器"表示一种"知识型"。他说:

> 我所谓的机器是"知识型"的更普遍的情况;或者说,"知识型"是特定的言谈的机器,而机器的更普遍的形式可以是言谈的,也可以是非言谈的,它的要素更具有异质性。②

在福柯看来,"机器"意味着一套固化的结构和体系,那么"性的机器"则意味着一套被规范化、结构化的性话语体系。当然这是一个比喻的说法,性话语机制就如同一个大机器一样。人们进入"性的机器"(性的话语体系),接受着关于性的模式化与标准化的规训。

那么 18 世纪以后"性的机器",即性的规范和话语体系是如何被建构起来的?这个问题涉及两方面内容:一是新的权力模式"生命-权力",二是"性科学"的诞生。

---

① [法]米歇尔·福柯.权力的眼睛:福柯访谈录[M].严锋,译.上海:上海人民出版社,1997:181-182.
② [法]米歇尔·福柯.权力的眼睛:福柯访谈录[M].严锋,译.上海:上海人民出版社,1997:183.

生命—权力

18世纪以后，社会出现了一种新的权力模式，即"生命—权力"。掌权者将权力之手伸进人的生命领域，即政府开始关注民生问题，如人民的生活质量、人口问题等。

在那个历史时期，随着人口的不断增长，便出现了人口数量和人口所使用的社会资源分配不平衡等状况。人口问题日益成为一个亟待解决的政治经济问题。

于是，政府介入人口问题的管理，从"出生率、发病率、寿命、生育率、健康状况、发病频率、饮食形式和居住形式"①等维度进行全方位的管控。而这些管理维度背后的核心问题便是"性"的问题。福柯说：

> 性就处于人口这一政治、经济问题的中心。我们必须分析出生率、结婚的年龄、合法和非法的出生、性关系的早熟和频率、提高生育率或者节育的方式、单身的后果或者禁忌的影响、节育行为的影响。②

> 通过人口，政治经济学逐渐形成了一整套对性的观察结果，并且出现了在生物学和经济学的范围内分析性行为及其规定和影响……国家对于公民的性生活及其使用方式了如指掌，而每位公民也能够控制性生活的使用方式，在国家和个体之间，性成了一种目标，一种公共的目标。围绕着它形成了一整套各种

---

① [法]米歇尔·福柯.性经验史[M].佘碧平，译.上海：上海人民出版社，2005：16.
② [法]米歇尔·福柯.性经验史[M].佘碧平，译.上海：上海人民出版社，2005：17.

话语、各种知识、各种分析和各种命令的网络。①

可以说，政府将权力之手伸向人们最私密的性领域，对"性"进行这样那样的规定：什么年龄能结婚、能生几个孩子、提倡单身还是晚婚晚育……这些条款正是无形中形成的性话语机制（"性的机器"）的体现。

性科学

18世纪以来，"权力机构煽动人们去谈性，而且谈得愈多愈好，权力当局还坚持要听到人们谈性，并且让性现身说法，发音准确，事无巨细"。② 当人们不再遮遮掩掩而是公开地谈论性话题时，权力机构才更容易掌握人们的信息，从而对其加以更好地管理。

随着人们公开谈论性的情况越来越普遍，"性"成为可被人们公开研究的对象，就如传统哲学主客二元论模式一样，"性"成为一个摆在那里被主体加以认识的对象，主体就可以对其进行各种规定，于是各类关于性的科学知识逐渐产生。比如，从医学上可规定哪些行为属于正常的性行为，哪些属于病态的；从法律上规定哪些性行为是合法的，哪些是违法的，等等。

到了19世纪，一门新的科学——"性科学"就此诞生。"它的目的是要产生出各种有关性的真实话语"③，而性的真实话语就意味着一套对性的规范。也就是说，当"性观念"被塑造为某类科学知

---

① ［法］米歇尔·福柯.性经验史［M］.佘碧平，译.上海：上海人民出版社，2005：17.
② ［法］米歇尔·福柯.性经验史［M］.佘碧平，译.上海：上海人民出版社，2005：12.
③ ［法］米歇尔·福柯.性经验史［M］.佘碧平，译.上海：上海人民出版社，2005：45.

识时,一套标准化的性规定就此产生,社会便会以这套规定为标准,对人的行为做出判断。

可见,当"性话题"从私密领域走向公众领域,从而诞生了"性科学"后,性的话语机制便得以顺畅运转。

被"性的机器"制造出来的具有现代意义的"性"就此诞生。

现代人对性的理解,其实是经由历史建构出来的性观念。现代人从性话题中找寻意义、探寻真理,遵循着现代社会的性制度。

我们或许都曾有这样的体会,"性"并非随心所欲、为所欲为的事情。尽管"性"是人的生理本能,但我们并不能随处发泄肉欲,并不能如酒神狄奥尼索斯一样和众人当歌乱舞、放纵身体欲望。因为现代社会自有一套运行准则,其道德规范、法律以及生命伦理都会对人的"身体与性"进行规训和管控。

在福柯看来,这正是微权力渗透于私密的"性"领域,对人加以塑造的体现。

福柯哲学的现代意义

福柯通过《疯癫与文明》《词与物》《规训与惩罚》和《性经验史》等著作,表达出对现代社会的极端反叛。但笔者想说,学习福柯哲学并不意味着我们要进行反道德、反社会的实践,并不意味着我们可以冲破一切清规戒律,可以尽情释放自我。

学习哲学史,正是一段领略哲学家不同风采的旅程。传统哲学家的理论让我们领略到了理性的高贵,福柯的后现代哲学让我们感受到摧毁和解构现代理性的快感,他们都是哲学史、思想史不可或缺的一部分。"建构"是思想史的一个维度,"摧毁"同样也是思想史的一个维度。

福柯哲学给现代人提供了更多的思考维度。虽然我们身处现代文明社会,但我们不要因此沾沾自喜,对现代文明的本质视而不见,而应时刻保持警醒,对现代文明予以反思和批判。当我们在认清世界的真相后,依然可以与之和平共处。这才是每一个现代人学习哲学要通达的理想境界。

10 德里达的幽灵

雅克·德里达（Jacques Derrida，1930—2004年），当代法国解构主义大师、当代最重要亦是最受争议的哲学家之一。德里达一生总共发表超过四十多部专著，以及数百篇散文。他在人文和社会科学，如人类学、历史学、语言学、社会语言学、政治理论、女权主义和酷儿研究等都有显著影响。

德里达是 20 世纪最卓越的法国后现代哲学家之一，也是解构主义的重要代表人物。他于 1930 年 7 月 15 日出生于阿尔及利亚的一个犹太家庭，2004 年 10 月 9 日逝世于巴黎。

当时，法国总统希拉克对德里达的逝世表示了深切哀悼，在一份声明中，希拉克高度评价了德里达的思想贡献："正是有了他（德

里达),法国才给整个世界贡献一位最伟大的哲学家和对当代知识生活产生重要影响的人物,他是当之无愧的'世界公民'。"[1] 美国新实用主义哲学家罗蒂也称赞德里达是"这个时代最具有想象力的哲学家"。

一位被边缘化的哲学家

据德里达自己回忆,他在中学阶段便读到纪德、尼采、卢梭和瓦莱里等人的作品,可以说是很早就接触到了文学与哲学。

在青少年时代,德里达目睹了第二次世界大战带来的恐怖与凄惨。由于自己的犹太人身份,他曾被就读的学校驱逐,"无奈之下,德里达只能被迫到一所犹太人学校继续接受教育"。[2] 作为犹太人,德里达饱尝屈辱和创伤。或许正是这些经历,使德里达的内心在少年时期就埋下了叛逆的种子。

1949年,十九岁的德里达第一次离开家乡小镇,来到巴黎就读高等师范学院文科预备班。1952年,他考入巴黎高等师范学院,成为阿尔都塞的学生,并结识了福柯等朋友。在大学期间,德里达潜心攻读黑格尔、胡塞尔、海德格尔以及法国哲学家巴塔耶、布朗肖等人的著作。

1956年,二十六岁的德里达从巴黎高师毕业,次年通过教师资格会考。1960年到1964年间,他在大学当助教,而后在巴黎

---

[1] 卢德友.德里达[M].西安:陕西师范大学出版总社,2017:7.
[2] 卢德友.德里达[M].西安:陕西师范大学出版总社,2017:5.

高等师范学院做了二十年的助理讲师。

虽说德里达在大学任教,但他一直是这个享有盛名的机构里的边缘人物。他的理论因不被学院派接纳与承认而饱受争议。

这里讲一个小插曲。

1992年5月,剑桥大学准备授予德里达荣誉博士学位。但来自十个国家的大概近二十名学者,联合反对剑桥大学授予他荣誉学位。这些学者说:"在那些在世界范围居领先地位的哲学系科中工作的哲学家的眼里,德里达先生的工作并不符合清晰的和严谨的、已被接受的标准。"①

在他们眼中,德里达根本不是一个哲学家,他的作品并没有达到哲学专业学术的要求,他的思想和风格与传统哲学,尤其是学院哲学相去甚远。

他们认为:"德里达先生任何表述清楚的断言,要么是虚假的,要么是微不足道的。在我们看来,建立在无非是对理性的价值、真理和学术成就进行半通不通的攻击的基础上的学术地位,并不足以构成这样一所卓越的大学授予荣誉学位的依据。"②他的"作品的影响,在一个令人惊讶的程度上,几乎完全在哲学之外的领域里"③。

剑桥大学不得不启动特殊的投票程序来结束这场争端,最后还是授予了德里达荣誉博士学位。

---

① [法]雅克·德里达.一种疯狂守护着思想——德里达访谈录[M].何佩群,译.上海:上海人民出版社,1997:232.
② [法]雅克·德里达.一种疯狂守护着思想——德里达访谈录[M].何佩群,译.上海:上海人民出版社,1997:233.
③ [法]雅克·德里达.一种疯狂守护着思想——德里达访谈录[M].何佩群,译.上海:上海人民出版社,1997:232.

德里达的哲学发展阶段

德里达深受尼采、黑格尔、胡塞尔与海德格尔[①]思想的影响，并批判性地对他们的观点进行反思。总体来说，德里达的思想发展分为两大阶段。

早期阶段，德里达通过对胡塞尔现象学的研读，发展出他的"解构"思想，1967年出版的《书写与差异》《论文字学》和《声音与现象》，以及1972年出版的《哲学的边缘》《播撒》和《立场》等著作构成了德里达早期解构主义的核心思想。

20世纪80年代中后期，德里达的思想发生转向。他将解构的理论运用于社会政治层面，如对共产主义、友爱、和平、法律、国家、民主等话题的探讨，这一时期的代表作有《马克思的幽灵》《法律的暴力》《友爱政治学及其他》以及《无赖》等。

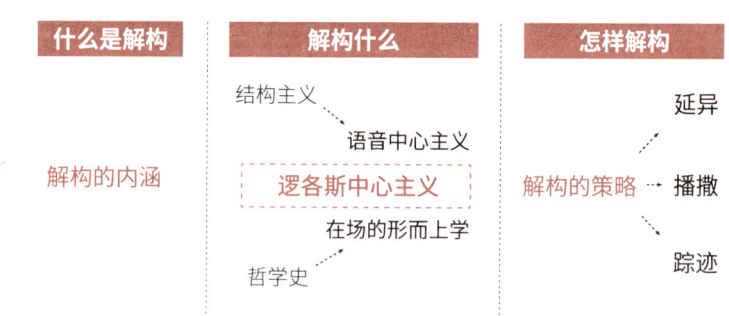

● ●德里达哲学的整体思路

---

① 德里达哲学中的"解构"概念正是从海德格尔那里借用而来。

接下来,我们将主要介绍德里达早期阶段的理论,即解构主义:

一是"什么是解构"的问题。德里达所谓的"解构"有什么特殊内涵?

二是"解构什么"的问题。德里达要解构的是逻各斯中心主义(存在的霸权)。具体而言,我们将从"语音中心主义"[①]和"在场的形而上学"[②]两个维度加以剖析。

三是"怎样解构"的问题。德里达提出了以什么解构策略来对抗存在的霸权等。

---

① 从语音中心主义的背景"结构主义"为切入点。
② 结合整个西方哲学史去理解。

11
德里达：解构的灵感

何谓"解构"？

从字面理解，"解构"就是消解结构的意思，它意味着破坏、批判、否定和摧毁。解构主义者要打碎、拆解固有的整体结构，不择手段地推翻原有的一切。福柯的解构哲学便是这一层意义的理论。

但是，德里达的"解构"并不是这一层含义（否定性、摧毁性、破坏性）的解构，而是有其特殊的内涵。因为这些内容比较难以捉摸，我们可通过以下几个要点进行理解。

德里达的"解构"

第一，"解构"是一种"超出哲学的非哲学思想"。

在德里达看来，"可以有一种思考理性、思考人、思考哲学的思想，它不能还原成其所思者，即不能还原成理性、哲学、人本身，因此它也不是检举、批判或拒绝"。①

也就是说,德里达追求的是以"非哲学的方式"进行哲学的思考,用超出固有的普遍意义的哲学思想来看待哲学问题。

这该如何理解呢?

可以说,西方哲学两千余年的发展已经形成了一套固有的哲学模式。比如,传统形而上学的"从现象到本质"就是一个模式和框架。当人们进入这套理论框架时,哲学研究才能得以继续。但德里达要跳出这个既定的哲学框架,他要用另一套话语系统,即非哲学的方式来思考问题。

拿一些后现代建筑作品举例来说,北京鸟巢体育场、央视大楼"大裤衩"等建筑便是对传统的冲击。在我们传统印象中,体育场应该是一个圆形的室外田径场,高楼应该是方方正正的大楼。

但设计师跳出固有思维,用全新的方式来赋予其意义,将鸟巢样态赋予体育场,用类似裤衩形状构造大楼的整体结构。这就是"解构"在建筑上的运用,即跳脱传统固有模式,以"非体育场模式"去设计体育场。

那么同理,德里达的"解构"也是跳出固有哲学模式,以"非哲学的方式"进行哲学思考的理论。

第二,"解构"不是摧毁性的力量,而是一种姿态。

不同于福柯摧毁性的"解构",即深入对象的结构中,挖掘现代理性与文明的历史脉络,然后将其全盘否定,德里达的"解构"并非以毁灭对象为目的,而是以这样一种方式:采用全新的视角,

---

① [法]雅克·德里达.书写与差异[M].张宁,译.北京:生活·读书·新知三联书店,2001:12.

即跳脱对象本身的思维模式和框架,来揭露对象内部的矛盾和漏洞,进而消解对象内部固有的等级秩序,使其自乱阵脚、自行瓦解。

因此,德里达的"解构"更多表达出向固有模式和秩序进行宣战的姿态。

传统理论提倡二元对立的模式、逻各斯中心主义,德里达要对其质疑:哪儿有对立的模式,哪儿有中心可言,哪儿有固定的结构?其实,一切都在变动之中,一切都处于生生不息的状态。德里达不再强调整体性,而是强调碎片之间的差异性。

但我们要注意,德里达质疑传统理论、对抗传统权威,其目的并非是为了建立新的理论大厦和新的权威。他的"解构"是毫无目的可言的,他就是纯粹要摆出一副对抗的姿态。

第三,解构"它是一种肯定、一种投入,也是一种承诺"[①]。

从常识来说,一个人"投入做一件事"意味着他会专注于做事情,享受过程而不注重结果。

德里达的"解构"便有着这样的意味。他的"解构"没有终极目的,也并没有说一定要怎么样,甚至连他自己也认为他的"解构"什么也不是。这种"什么也不是"的状态就是解构的状态。他进行着"解构",享受着这个自我投入的过程。

这就是德里达的"解构"内涵。他漫无目的地寻求哲学上的可能性,他更加看重碎片化的差异,从而拒绝同一性、基础主义和中心主义。

---

① [法]雅克·德里达.书写与差异[M].张宁,译.北京:生活·读书·新知三联书店,2001:16.

德里达的哲学方式

德里达的哲学方式，遭到了学院派学者们的强烈排斥。这里，我们试图模拟他们之间可能进行的对话：

学院派："德里达，你到底要干什么呢？如果你要反对传统思维，那你就说出个一二三论证一下？"

德里达："不！"

学院派："那你是要构建新的理论大厦吗？"

德里达："不！"

学院派："那你究竟想干什么？"

德里达："我并没有一定想要干什么啊。"

学院派："……"

仔细琢磨这段对话，你便能更好地理解德里达的"解构"内涵。

12
德里达：逻各斯中心主义（上）
语音中心主义

德里达要解构什么？总体可归为一点——"逻各斯中心主义"，或"存在的霸权"。接下来，我们先弄清楚"逻各斯中心主义"的内涵，然后再探究德里达到底是如何对其进行解构的。

逻各斯中心主义

什么是"逻各斯中心主义"？

在西方传统哲学中，"逻各斯"就是现象背后的本质规定以及统摄宇宙万物的恒常法则。"探寻逻各斯"，即透过现象探寻本质便是西方传统形而上学的总体目标。

那么，在主客二元认识模式[①]下，"现象"和"本质"这两个要素已经显露出某种主次关系或中心和边缘的关系。

谁是主，谁是次？"本质"是主，"现象"是次。

---

① 在预设客体本质的前提下，主体通过客体的表象探寻其"逻各斯"。

谁是中心，谁是边缘？"本质"是中心，"现象"是边缘。

因为人是透过"现象"去探寻其背后的"本质"，"本质"才是人最后触达的领域，对"本质"的追求才是哲学的最终目标。所以，"本质"处于一个更为基础、更为本原、更为优先的位置，而"现象"则处于被"本质"统摄和支配的位置。这就好比一个圆，圆心是"逻各斯"，围绕在圆心周围的一切元素（现象）都向圆心不断靠拢。

于是，二元对立的关系项（本质和现象、灵魂与身体、直观与表达、主体与客体、肯定与否定）之间无法保持平衡，总是存在着主从和先后之分。在两者中，总有一方处于核心位置统摄另一方，总有一方是更为基础和重要的。这样的哲学模式便是"逻各斯中心主义"，其传达出一个强有力的信号：无论世间如何变化，现象背后总有本质可寻，世界始终存在着终极的意义。

我们从整体上对"逻各斯中心主义"的内涵有了初步理解后，接下来，我们将从"语音中心主义"和"在场的形而上学"两个维度对其进行深入剖析。

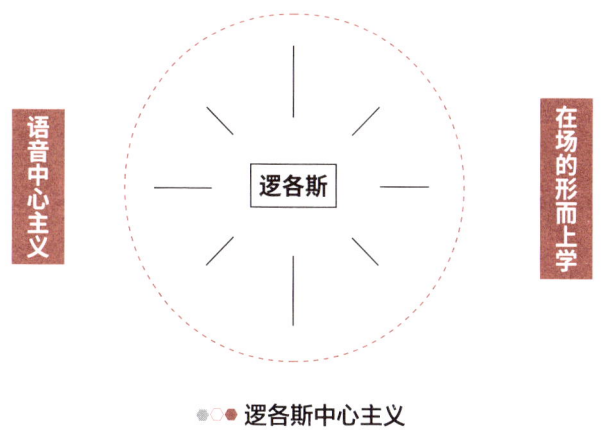

●○● 逻各斯中心主义

语音中心主义的背景

结构主义

通俗理解，结构主义是一种非常讲究结构性的理论，它把一切事物都看成处于一定系统结构之中的事物，任何事物的意义只有在一个整体的系统里才能得以显现。结构主义非常强调整体性，比如，机器里的各个零部件按照一定的结构组成整体、共同协作时，机器才能发挥作用；结构主义也非常强调空间性，比如，绘画作品的构图结构，即各个元素之间的比例和位置关系等便是体现。

关于结构主义，有两位人物需要提及。一位是列维-斯特劳斯，他用结构主义的方法研究人类学问题，他认为一切社会活动和社会生活都深藏着一种内在的、支配表面现象的结构，他试图挖掘出这个深层的结构。他研究神话传说，试图找到不同民族之间共同的结构模式。

另一位则是语言学家索绪尔，他从静态的结构方面解释语言问题，提出了结构语言学的理论，其中有一对概念——"能指和所指"，是我们理解其理论的关键所在。

索绪尔：能指和所指

"能指"就是语词的符号，是语音的形象；"所指"表示符号所表达的概念内容和意义。

比如，"桌子"在被命名为"桌子"之前，我们其实并不知道它叫什么，只知道眼前有这么一个四条腿支撑着面板的东西，上面可以放置物品。而"这个东西是什么样的,它有什么意义和功效等"就是"所指"。而我们将有如此模样和如此功能的物体命名为一个符号——"桌子",甚至我们从嘴巴发出"桌子"这个语音时,"桌子"作为符号来说就是"能指"。

那么在"能指和所指"之间,是否存在谁先谁后、谁优越于谁的问题?在结构主义者看来是有的:"所指"优先于"能指"并决定"能指"。而这背后映射出一个原理,那就是人们更加看中意义和本质,将意义问题视为更基础的问题。

语音中心主义

如果将语言结构主义的"能指与所指"的理论运用于"语音和文字"的关系中,便会得出:语音处于优先的中心位置。这便是"语音中心主义",它是一种将语音看得比文字更加重要的理论,是"把语音视为语言之本质的语言观"。

那么,为什么"语音"比"文字"更重要?因为声音能更加直接地表达意义、传达意义,声音是意义最直接的自我显现方式。

在工作中你也许曾有过这样的体会,双方通过邮件沟通得很不顺畅,还不如通过直接对话(语音)的方式解决问题更便捷。因为语音沟通可以使得双方同时在场,彼此想表达什么就可以直接说出来,听者也直接能领会说话者要表达的意思。

文字内容不太直接,且有时候是模糊不清的。一旦文字被书写后,文字作者就处于一种"不在场"的状态,文字内容因此容易被误解。在结构主义者看来，文字内容只能是声音的延伸物，文字的符号系统存在的理由就是为了表现声音。

总体来说，"语音中心主义"更加看重"语音"，即更加注重意义，意义是"逻各斯中心主义"的一个表现方式。

13 德里达：逻各斯中心主义（下） 在场的形而上学

通过对"语音中心主义"的探究，我们发现还存在着"在场"和"不在场"之分的问题：以"语音形式"展开讨论时，意味着说话者要处于"在场"状态；以文字书写形式进行沟通时，说话者则处于"不在场"的缺席状态。

接下来，我们从"在场"和"不在场"的角度去理解形而上学，去探究"逻各斯中心主义"的第二个维度——"在场的形而上学"的内涵。

在场的形而上学

从哲学角度来说，"在场"意味着存在和出席的状态，"不在场"意味着被遮蔽的缺席状态。

举个生活中的例子。你去听一场明星演唱会，你到达现场并出席活动，你和明星便处于同一个场所里，这种状态就叫"在场"状态。

反之,如果你没有参加这场活动,你就"不在场"。

我们可以思考一下,在哲学史的语境中,有没有什么东西是一直处于"在场"状态的呢?

在传统形而上学者看来,"逻各斯"便一直"在场"。无论这个世界如何变幻,丰富多彩的现象背后,始终有不变的"一",即现象背后的本质、宇宙的恒常法则、真理模型、逻辑形式等作为基础而存在着。这便是"在场的形而上学"的内涵。

传统哲学家乐此不疲地将存在者的"存在"规定为"在场"状态。存在者的本质和意义如同遮罩在世界的一块幕布始终存在,世间万物都无法逃离这层幕布的遮罩范围。

正因为"逻各斯"总是"在场",哲学家所有的努力便是穷尽一切办法去追求它、捕捉它、征服它、享有它。哪怕所谓的"本质"和"意义"在当下并没有被直接显现,哲学家也要通过一些手段和途径去通达它。

逻各斯的"变种"

"在场性"问题始终贯穿于整个西方传统哲学的发展史。

在古希腊时期,哲学家便已显露探寻世界本质意义的倾向。赫拉克利特提出的"逻各斯",巴门尼德提出的"存在",柏拉图提出的"理念",这些概念的内涵正是对"在场的形而上学"的表征。

基督教哲学阶段,神学家试图从哲学的角度论证上帝的存在,而这个论证过程得以可能的前提,是将上帝视为一个"在场"的预设。

到了近代理性主义时期，笛卡尔提出了"我思故我在"，而"我思"本身就是一个从主体的角度去认识客体的预设；斯宾诺莎的"实体"以及黑格尔的"绝对精神"等概念，都是"逻各斯"不同形式的体现，它们都是"在场的形而上学"。

黑格尔以后的现代哲学阶段，"在场性"问题依然存在。

虽然胡塞尔现象学的目的是克服传统形而上学主客二元对立的模式，但现象学还原到的"先验自我"是不是依然是对主体性的一种承认呢？是的。

虽然海德格尔以"存在"和"存在者"的区分为出发点，试图批判两千多年来传统的形而上学模式，但最后他是不是又陷入另一种中心主义之中呢？是的。也正因此，海德格尔进行了自身哲学的转向。

在德里达看来，整个西方哲学史（从前苏格拉底时期到后黑格尔时期）的理论都是"在场的形而上学"。

"在场的形而上学"的实质

"在场的形而上学"的实质是本质主义和基础主义。它以追问"本质"为哲学的使命，以"逻各斯"为基础和中心。

在这样的哲学模式下，存在者被视为静态的、有着某种固定结构的封闭体，如同一个封闭的圆，圆心是本质、意义、真理等"逻各斯"的变种，而周边则是它的衍生物和统摄物。由此，世界上的所有事物都是泾渭分明的——要么是居于中心，要么是居于非中心；

要么是黑，要么是白；要么是对，要么是错；要么是真理，要么是谬论。

德里达对此提出质疑：为什么要以"逻各斯"作为中心？意义和本质问题一定具有永恒性吗？人们追求的大写的"一"，难道就不可能发生变化吗？世界的事物为什么一定是非黑即白？二元项之间的关系一定有着明确的对立关系吗？难道不能是"你中有我、我中有你"的生生不息的状态吗？绝对的精神就一定高于一切吗？谁高谁低，谁优谁劣的等级结构，就一定坚不可摧吗？

接下来，我们将进一步探究德里达对"逻各斯中心主义"的具体解构策略。

14 德里达：解构的武器——延异、播撒和踪迹

德里达的解构武器，可总结为三个词：延异、播撒和踪迹。

总体来说，这几个词比较晦涩且充满想象力，我们在理解时需要注意两点：

第一，要始终围绕德里达整体的解构思路（反逻各斯中心主义、反同一性、反在场的形而上学、消解二元对立关系、注重各个要素之间的差异性）展开理解。

第二，不能用下定义的方式①理解"延异"，因为"延异"是德里达为了将自己的理念和传统形而上学的概念相区别而生造出来的词。如果用"延异是什么"的句式，就等于回到传统形而上学的思路了，而这恰恰是德里达要避开的思维模式。

---

① 指用"什么是什么"的句式去定义。

延异

词源分析

德里达的总体目的是反对"逻各斯中心主义"("存在的霸权"),所以他非常强调要素之间的差异性特征。但"差异"这个词在传统语境中已经存在,且德里达表达的"差异"和传统哲学所谓的"差异"是不同的。为了与传统形而上学的概念加以区别,德里达将法语中"差异"(différence)的词尾 -ence 改写为 -ance,重新造了一个新的词叫"延异"(différance)。这两个词在法语中的发音一样,书写不同。

共时性与历时性

"延异"包含着两层含义:"差异"和"延迟"。"差异"是指空间上的分隔,而"延迟"是指时间上的推延。传统意义的"差异"是指空间性维度的"共时性"意义的差异,而德里达的"延异"不仅指空间上的分隔,更表达出时间性维度,即"历时性"意义上的差异。

"共时性"的分析方法是指主体从一个静态,即各要素同时共在的角度,去分析空间中的各个要素的关系。就好比说,当时间定格于某个瞬间,世界静止不再流动时,我们去分析世界的结构问题,从多样的现象中抽离其背后的本质规定。传统哲学以及结构主义采用的便是这种"共时性"的静态分析方式。

德里达的"延异"是从时间性维度,即"历时性"角度看待差异问题。他认为,"意义和本质"本就处于时间纵向维度的流动、变化之中。当人们试图捕捉本质和意义时，意义和本质已发生变化，已经"溜走"了。所谓的"意义和本质"需要在一个连续的时间轴里才能得以刻画，即只有在人探寻意义的过程中，意义才向人敞开（显现）。因此，人们根本无法把握到确定的、静态的本质和意义，人们能把握到的就只有差异性本身。

德里达通过"延异"表达出：世界并不存在终极不变的意义和本质问题，本质与现象、是与非之间并不存在明确的界限。世界总是表现出不确定性和无穷的可能性。既然稳固的结构以及中心化的模式根本不存在，"逻各斯中心主义"因此就被消解掉了。

在德里达看来，"延异"既不是一个词也不是一个概念，它处在永恒的运动之中，它的根本特征就是不确定性。它什么也不支配，什么也不统治。

播撒

德里达提出"播撒"的概念，以表征意义的多样性。

我们可以想想"播撒种子"这个动作。种子被播撒后向四面八方扩散，这便是一种"去中心化"的状态。"播撒"是向四面八方进行扩散，并非朝着某一个共同的方向的播撒。没有所谓的意义中心，没有所谓的同一指向，要素和要素之间是以分散着的状态呈现的。

德里达通过"播撒"概念刻画出意义本身就处于零散的状态。意义是具有多样性的意义，并不存在某个单一的意义。

踪迹

"踪迹"也叫"印记"或"痕迹",就是播撒留下来的半隐半现的痕迹或标记。它是指不出场之物的现在的符号,表征着一种"在场的缺席"状态。

"在场的形而上学"强调"在场性",即"逻各斯"作为基础而在场,但"踪迹"意味着存在物留下的某种影子,而影子则表达其不在场的状态。因此,"踪迹"体现的是存在的缺席状态,表达的是对"在场的形而上学"的消解态度。

总体来说,德里达的解构武器(延异、播撒和踪迹)充满着无穷想象力,它们都表征着"去中心化"的态度,它们都是反同一性、本质主义、基础主义以及在场的形而上学的体现。

小结：
解构的快感

这一篇章，我们主要介绍了两位哲学家：福柯和德里达。

福柯

福柯的理论分为"知识考古学"和"系谱学"两个阶段。

《疯癫与文明》是福柯知识考古学的开端，他通过梳理"疯癫"为何被视为精神病的过程以及人们对待疯人态度的转变过程，从而对现代理性的崇高性予以批判。

在《词与物》中，福柯通过梳理历史上各个阶段的知识型——相似型、表象型、自我表象型，得出"知识型的变化会导致'人之死'"的结论，以此消解人之主体性。

从1969年开始，福柯的思想从知识考古学转向系谱学研究。在《规训与惩罚》中，福柯通过对监狱历史的考察，探究权力机制的变化，从而对社会无处不在的微权力予以批判。

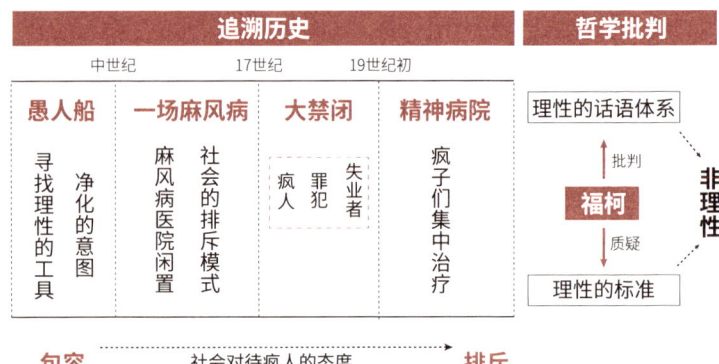

●○● 《疯癫与文明》脉络梳理

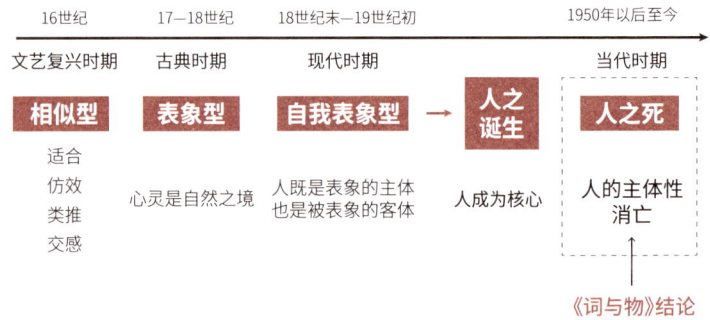

●○● 《词与物》脉络梳理

在《性经验史》中，福柯通过对性发展历史的梳理，得出"权力已渗透于最私密的性领域，对人加以塑造"的结论，从而表达出对权力的批判态度。

● ● 《规训与惩罚》脉络梳理

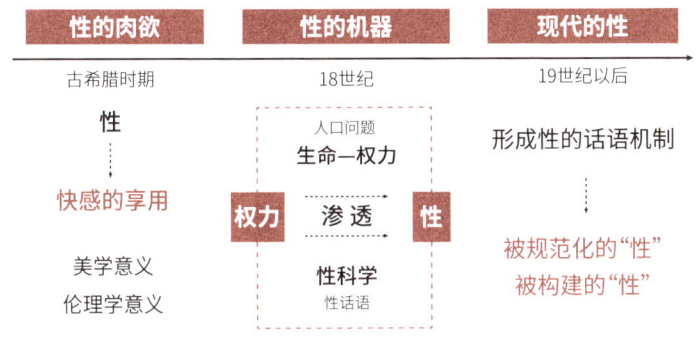

● ● 《性经验史》脉络梳理

德里达

关于德里达的解构主义,我们从三个方面来梳理。

第一，德里达"解构"的内涵。他的"解构"不像福柯那样具有摧毁性，而是表达出寻找更多哲学可能性的姿态——一种超出哲学的非哲学思想去探究哲学。

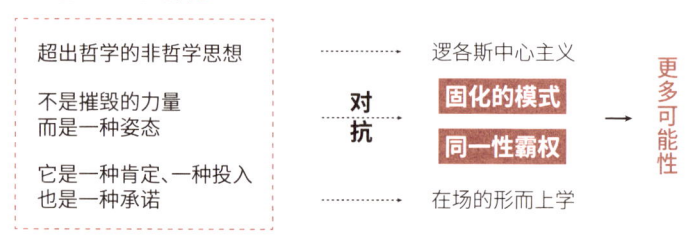

●●● **德里达：解构的内涵**

第二，德里达解构的"逻各斯中心主义"的内涵。我们分别从"语音中心主义"以及"在场的形而上学"两个细分维度予以分析。

●●● **结构主义与语音中心主义**

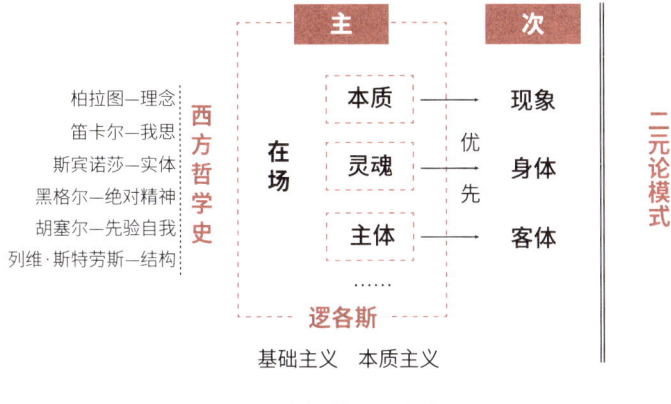

● ● 在场的形而上学

第三，德里达的解构武器——延异、播撒和踪迹。

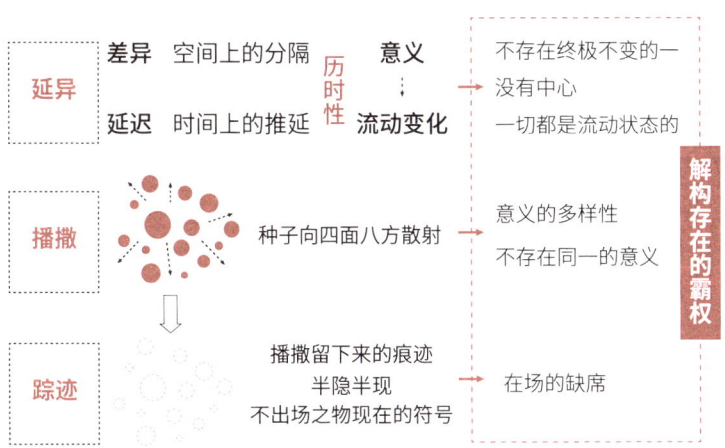

● ● 德里达：解构的策略

福柯与德里达的风格对比

福柯的理论更具有激进色彩和破坏性。福柯结合社会、历史等要素进行哲学批判,给身处现代性囚笼的普通大众带来了阵阵快感。但笔者想说,在享受思维的快感后,我们依然还是要面对现代的生活。从福柯的理论中,我们找寻到思维的另一种可能性,足矣。

相对于福柯,德里达的解构主义更具有弹性与温和性。他并没有明确告诉我们"什么是什么",他不去下定义,甚至没有预设要达到的目的,他只是通过分析解构对象的内部结构,从而将其自行瓦解。

可以说,德里达的理论总是充满无穷的想象力。也因此,他的理论在诸多创意领域,如绘画艺术、建筑行业、工业设计、服装家居等影响颇深。

第四篇章

正义与邪恶

本篇章,我们将进入政治哲学的部分。

什么是政治哲学?政治哲学都探讨哪些话题?

首先,政治哲学讨论政治价值的问题,如"自由、平等、权利、善"等理论,且政治哲学要做出这些价值应当性的判断以及合理的论证。比如,社会应该倡导自由还是平等;是集体利益高于个人利益,还是个人利益高于集体利益;我们应当采取哪种价值体系,才能更有利于社会政治生活的发展?其次,政治哲学讨论政治制度的问题。比如,国家应该采取怎样的政治制度(君主制、君主立宪制还是民主制),更有利于国家发展?在这些政治制度中,哪一种制度更好?为什么采取这种制度而不是那种制度?各种制度的优越性在哪里?这些话题都需要政治哲学予以论证。

总体而言,政治哲学不同于纯理论领域的哲学形态,它的实践性很强,是从"应该做什么"的思辨角度为"政治价值"和"政治制度"提供合理性论证的一种哲学理论,其议题与每个人的实际生活密切相关。

本篇章,我们重点介绍两位政治哲学家:约翰·罗尔斯和汉娜·阿伦特。

罗尔斯是当代政治哲学的关键人物,其著作《正义论》于1971年出版后引发强烈反响。后来的许多研究者都以罗尔斯为坐标,通过批判或赞成他的观点而展开自己的理论建构。我们将从三个维度——何谓正义、正义观与正义原则以及其论证过程对罗尔斯的正义问题予以阐述。

关于汉娜·阿伦特,我们将介绍她的两种"恶"的理论:一种是"根本恶",即《极权主义的起源》中所阐述的纳粹统治下史无前例的邪恶现象;另一种是"平庸的恶",其揭露的是人们因缺乏思考能力表现出的无思想性和肤浅性的现象。

第四篇章　正义与邪恶

本篇章概览

哲学家

罗尔斯 | 汉娜·阿伦特

本篇章流派

政治哲学

本篇章话题

- ⊙ 正义论
- ⊙ 反思的平衡
- ⊙ 极权主义的起源
- ⊙ 正义二原则
- ⊙ 无知之幕
- ⊙ 平庸之恶

01
罗尔斯：一场正义的风暴

20世纪60年代的美国正处于动荡之中，古巴危机、黑人解放运动、反越南战争以及学生骚乱等事件接连不断地发生，紧张的情绪蔓延于社会的各个角落。

作为哈佛大学哲学系的教授，罗尔斯对这些社会问题做出分析，他将种种社会危机产生的原因归结为财富分配的严重不均。在将近二十年的时间里，他一直思索着一套关于公平的正义的理论。在阐述《正义论》前，我们不妨先了解一下罗尔斯的生平故事。

约翰·罗尔斯（John Rawls, 1921—2002年），美国政治哲学家、伦理学家。他是毕业于普林斯顿大学的哲学博士，曾在哈佛大学担任哲学教授，著有《正义论》《政治自由主义》《作为公平的正义：正义新论》《万民法》等作品。

1921年2月21日,罗尔斯出生于美国马里兰州的巴尔的摩。罗尔斯的家庭环境比较优渥,父亲是一位非常有威望的律师,母亲来自一个非常传统的马里兰州家庭,曾担任过"妇女选民联盟"巴尔的摩市分部主席。可以说,父母的政治素养对罗尔斯有着潜移默化的影响,使其对政治问题表现出天然的敏感性。

童年的心灵创伤

童年时期,罗尔斯的心灵曾受过两次不小的打击,这主要是因为他的两个弟弟的病逝都和他有关。

1928年,罗尔斯患上了白喉,小他21个月的弟弟博比因进入他的房间陪他玩耍也传染上了这种疾病。他们俩当时都躺在床上发着高烧,家庭医生最初误诊了病情,耽误了很长时间才确诊他们患上了白喉。① 但弟弟博比已经错过了最佳的诊治时期。

很不幸,弟弟博比因为这场疾病失去生命,但罗尔斯却幸运地活了下来。这件事对罗尔斯的幼小心灵产生了巨大的震颤,他也因此患上了口吃的毛病。

但还没等罗尔斯的心情彻底平静,第二年冬天他又患上了肺炎。这一次,他的另一个弟弟汤米被罗尔斯所传染。悲剧再次重演,弟弟汤米因病去世,而罗尔斯却慢慢康复。

这两场悲剧对罗尔斯的幼小心灵产生了很大影响,他接连目睹

---

① 杨玉成.罗尔斯[M].陕西:陕西师范大学出版总社,2017:5.

自己的兄弟离世,而且他们的离去都跟自己有关。因为两个弟弟的夭折,罗尔斯总是带有一种愧疚之感:难道最应该死去的不是自己吗?自己是多么地"不应得"。

命运的专横和不能承受的生活偶然性的体验,使得罗尔斯对人类命运产生了一些激进的看法。他后来认为,人类享有的各种机会应当尽可能小地受到诸种自然和社会偶然性的影响。可以说,罗尔斯童年时期的心灵创伤,对其毕生追寻的正义事业产生了重要的影响,这也奠定了他政治哲学的底色。因此,他的正义理论总透露着对弱者的伦理关怀之情。

中学与大学

1935 年至 1939 年,罗尔斯就读于肯特中学,毕业后被普林斯顿大学哲学系录取。他刚入大学时,正值德国法西斯入侵波兰,第二次世界大战在欧洲爆发。当时他周遭的同学都坚信美国会参战,于是纷纷报名参加"后备军官训练团"。但罗尔斯没有报名,而是一心扎进学习里,并开始深入阅读关于第一次世界大战的历史书籍。

在普林斯顿大学,罗尔斯的老师诺曼·马尔科姆最早激发了罗尔斯对政治哲学的兴趣。1942 年春季,罗尔斯选修马尔科姆关于讨论人类罪恶问题的课程。1943 年 1 月,罗尔斯以优异的成绩毕业,获得学士学位。

再次幸免于难

1941 年 12 月 7 日，日本突然袭击珍珠港，美国正式加入第二次世界大战。在罗尔斯毕业后的一个月，也就是 1943 年 2 月他应召入伍成为一名现役军人。

在太平洋战区的两年战争生涯中，有一件事让罗尔斯终生难忘。某日，他脱掉钢盔正弯腰到小溪边喝水时，突然遭遇一名日军狙击手的袭击。幸运的是，子弹从罗尔斯的头部擦过，他只是受到一些皮外伤，幸免于难。

这一次，罗尔斯又从死神面前挣脱，真可谓福大命大。而罗尔斯所在步兵团的很多战友，包括之前他在普林斯顿大学的许多同学都在战争中遇难。残酷的现实再一次打击了罗尔斯的精神，他再一次体验到了"命运的专横性"。这些经历激发着他更加深入地去思考正义问题。

在战争结束之时，罗尔斯放弃成为牧师的念头。1946 年，他离开军队，随后在普林斯顿大学攻读哲学研究生。1950 年，他通过博士学位论文答辩。在随后的几十年里，罗尔斯开启了自己的学术生涯，他先后在普林斯顿大学、康奈尔大学、麻省理工学院以及哈佛大学任教。

1971 年，《正义论》一经出版便立即在全球范围，特别是在英语的学术界掀起了一股强烈而持久的"罗尔斯风暴"。当时各个领域的学者专家[①]都开始讨论"正义"的问题。可以说，《正义论》

---

① 不仅包括政治哲学家，还有政治学家、经济学家、法哲学家、公共政策领域的学者。

激发了学术界的大论辩,后来许多政治哲学的文献都是对罗尔斯《正义论》一书的回应。

对罗尔斯的评价

2002年11月24日,罗尔斯在妻子安迪的陪伴下,于列克星敦家中去世。罗尔斯的逝世在当时受到了学术界和媒体的普遍关注。

《华盛顿邮报》(2002年11月26日)的悼念文章称,罗尔斯是"国际公认的20世纪政治哲学和法律理论的权威"。

《波士顿环球报》(2002年11月26日)称赞罗尔斯是"20世纪最有名的政治理论家之一"。

《泰晤士报》也发表了悼念文章,称罗尔斯为"20世纪后半期影响最大的哲学家",他的《正义论》已经被描述为"约翰·斯图亚特·密尔以来最重要的政治哲学著作"。

02 罗尔斯：何谓正义（上）
对功利主义正义观的批判

1971年，罗尔斯因《正义论》的出版一鸣惊人，成为当代政治哲学的推动者。那么，《正义论》主要讲了哪些内容？

接下来，我们以罗尔斯"对功利主义的批判"为切入点，去理解"正义"的内涵。

对功利主义正义观的批判

罗尔斯在《正义论》中写道："我的目的是确定一个能够代替一般的功利主义、从而也能代替它的各种变化形式的作为一种选择对象的正义论。"[①] 罗尔斯以批判功利主义为出发点，提出了自己的正义论，并希望以此替代功利主义的理论。

---

① ［美］约翰·罗尔斯.正义论［M］.何怀宏，何包钢，廖申白，译.北京：中国社会科学出版社，2016：21.

功利主义正义观

以边沁和密尔为代表的功利主义倡导"最大多数人的最大幸福原则"(简称"最大幸福原则"),其要点是:一是凡是能给人带来快乐和幸福的行为,都要提倡;二是幸福是可以被衡量的,因此在所有可供选择的行为中,要选择能够计算出来的可以获得最大利益的行为,从而保障获得最大幸福和利益的结果。

比如,面对"电车难题"——一辆电车正驶向五个人的方向,如果拉杆,电车变道驶向一个人,不拉杆电车则驶向五个人时,功利主义者选择拉杆变道,以牺牲一人救五个人的命①,这样做损失最小,整体利益最大。

那么,当"最大幸福原则"扩展到社会制度的构建甚至立法层面时,就形成了功利主义的正义观。正如罗尔斯所说:"如果一个社会的主要制度被安排得能够达到总计所有属于它的个人而形成的满足的最大净余额,那么这个社会就是被正确地组织的,因而也是正义的。"②

简言之,当整个社会以"最大幸福原则"为标尺而被组织起来时,社会就被视为是正义的社会。

罗尔斯的批判

针对功利主义的正义理论,罗尔斯提出质疑:为什么可以允许

---

① 因为功利主义者运用的是"苦乐计算法",五个人的集体幸福与集体利益的值要高于一个人的个人幸福和个人利益的数值。
② [美]约翰·罗尔斯.正义论[M].何怀宏,何包钢,廖申白,译.北京:中国社会科学出版社,2016:22.

以牺牲少数人的利益,来换取多数人的利益?一个人的生命就比另外五个人的生命不值钱吗?在五个人面前,一个人的生命权利就更低人一等吗?少数人的权利就可以被任意侵犯吗,这难道不是一种不平等和不公正的体现吗?

罗尔斯认为,功利主义的正义观恰恰违背了自由主义的自由和平等的理念。在这一原则下,人与人之间其实并不平等[1]。"功利主义没有认识到任何人都享有平等的道德价值,由此功利主义既没有认识到个体之间平等的方式,也没有认识到个体之间产生差别的方式;或者,就像罗尔斯批判功利主义的著名概括:'功利主义没有认真对待个体之间的差别'。"[2]

在罗尔斯看来,"每个人都拥有一种基于正义的不可侵犯性,这种不可侵犯性即使以社会整体利益之名也不能逾越。因此,正义否认为了一些人分享更大利益而剥夺另一些人的自由是正当的,不承认许多人享受的较大利益能绰绰有余地补偿强加于少数人的牺牲。所以,在一个正义社会里,平等的公民自由是确定不移的,由正义所保障的权利决不受制于政治的交易或社会利益的权衡"。[3]

可见,功利主义忽略了对人与人之间的平等权利的考察,功利主义的正义观是一种不公正裁定方式的体现。

"功利主义理论作为宪政民主制度的基础是脆弱的",罗尔斯也"不相信功利主义能够为自由而平等的公民的个人基本权利与自由

---

[1] 因为在初始阶段,社会就已经预设了"可以牺牲少数人的幸福、利益以及基本权利"的价值取向。
[2] [荷]佩西·莱宁.罗尔斯政治哲学导论[M].孟伟,译.北京:人民出版社,2012:22.
[3] [美]约翰·罗尔斯.正义论[M].何怀宏,何包钢,廖申白,译.北京:中国社会科学出版社,2016:3-4.

提供一种令人满意的解释,而这种解释对一种(宪政)民主制度来说是绝对首要的要求"。①

总之,罗尔斯认为,功利主义的正义理论并没有解决人们对平等的诉求。

作为公平的正义

基于对功利主义的批判,罗尔斯提出的正义论落脚于"公平、公正、平等"等层面,他所谓的"正义"是指"作为公平的正义",他阐述的"正义"意味着公正和平等。

也就是说,罗尔斯期望实现的是整个社会的"公平与正义",即被制定出来的社会制度和规则,要以平等的方式对待社会中的每个人。罗尔斯提出这样的正义理论,以替代当时占统治地位的功利主义,从而为宪政民主制度奠定坚实的道德基础。

说到平等,又会涉及哪些社会问题呢,或者说罗尔斯的正义理论,是通过对哪些问题的关注和解决来实现平等的呢?

---

① [美]约翰·罗尔斯.正义论[M].何怀宏,何包钢,廖申白,译.北京:中国社会科学出版社,2009:1.

03 罗尔斯：何谓正义（下）
关于公平的正义

关于"正义"问题[①]，罗尔斯将研究范围限定于社会和国家的正义问题上，其探讨的是"社会的基本结构"的问题，或者更准确地说是"社会主要制度分配基本权利和义务，决定由社会合作产生的利益之划分的方式"问题。

也就是说，罗尔斯的正义论关注的是在"社会利益的分配"上如何做公正、公平和平等的问题。

社会合作及其公平分配

在现代社会，社会合作成为人之生存、社会有序发展的必要条件。经由社会合作，便会产生一系列的利益及责任问题，比如社会的物质财富以及基本的自由权、带有责任的职务和职位的各种权力

[①] 正义问题的范围比较广，可涉及个人的正义、国家和社会的正义以及国家和国家之间的正义问题等。

与特权等。

于是，如何分配这些利益成果和相关责任与权利，就涉及分配制度与规则制定的问题。

比如，在团队合作中，有人贡献了资本，有人贡献了技术，有人贡献了体力，有人贡献了创意，还有人贡献了客户资源……当这项工作完成后产生利润时，管理者该如何对其进行分配？其分配的标准是什么？

职务的分配以及权力的分配问题也是一样。谁来做小领导？谁来做大领导？什么样的职务具有什么样的权力？每个人的责任和义务该怎么去界定？这些都涉及分配问题。

如果规则的制定者自带立场或倾向时，比如希望从利益成果中多分"一杯羹"，由此制定出的不公正的制度势必会影响社会合作的有序进行，最终影响社会的良性发展。因此，只有当规则与制度被设置得公平、公正与平等，即社会合作的参与者都被平等对待时，才能保障社会合作持续进行，并实现社会的持续发展。

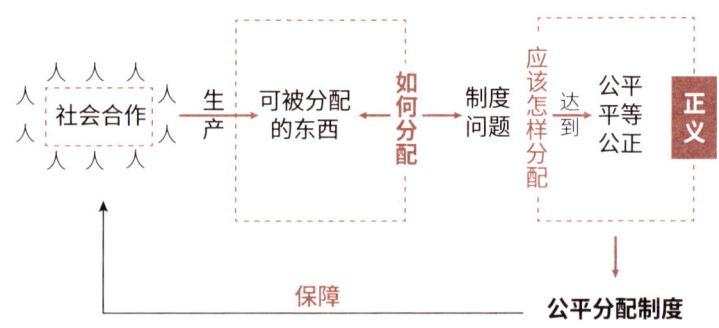

●●罗尔斯：正义即公平

罗尔斯的正义论要解决的正是如何构建合理分配制度的问题，即"社会合作中产生的利益（以及责任！）的一种'公平'分配实际上应当是怎样的"[①]问题。

正义是社会制度的首要价值

在罗尔斯看来，在一个社会具有的诸多美德和优点中，"正义"排在首位。因为只有把"正义"问题，即公平、公正与平等的问题解决好了，人们才愿意参与社会合作，社会才能更好地运转，以此才会衍生其他，诸如"稳定、和谐、效率"等问题。

罗尔斯说：

> 正义是社会制度的首要价值，正像真理是思想体系的首要价值一样。一种理论，无论它多么精致和简洁，只要它不真实，就必须加以拒绝或修正；同样，某些法律和制度，不管它们如何有效率和有条理，只要它们不正义，就必须加以改造或废除。[②]

总体来说，罗尔斯的"正义"是指社会分配制度上的公平和平等。

[①] [荷]佩西·莱宁.罗尔斯政治哲学导论[M].孟伟，译.北京：人民出版社，2012：32.
[②] [美]约翰·罗尔斯.正义论[M].何怀宏，何包钢，廖申白，译.北京：中国社会科学出版社，2016：3.

但是社会现实是复杂的,总会有一些非自愿的不平等现象存在。那么罗尔斯的正义理论,是否意味着要消除这些因自然或社会的偶然因素而产生的不平等现象呢?

  要回答这个问题,我们就要了解罗尔斯提出的"正义二原则"。

04 罗尔斯：正义二原则

在具体介绍"正义二原则"之前，我们有必要先理解"基本善"这个概念。

基本善

什么是"基本善"？

经由社会合作产生并用于可分配的所有东西，比如财富、收入、人的自由、权利、机会、自尊等都叫"基本善"。

在分配"基本善"时，会出现两类情况：一类"基本善"，如言论自由、人的自尊等可以被平等分配；另一类"基本善"，如出身、天赋、收入、财富、机会、权力等[①] 无法被平等分配。

---

① 一个人出身富贵还是出身贫寒，一个人是天赋异禀还是天生愚笨，这些都不是自己能决定的。这样的现象是命中注定的、非自愿的不平等现象。

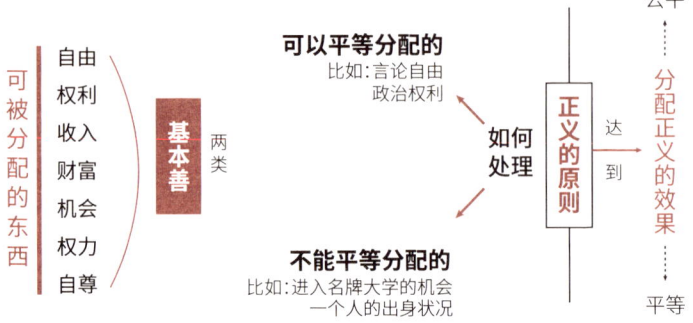

●○● **基本善**

针对这两种情况,罗尔斯提出了"正义二原则",分别解决这两种"基本善"的分配问题。

第一个原则

每个人对与其他人所拥有的最广泛的基本自由体系相容的类似自由体系都应有一种平等的权利。

第二个原则

社会的和经济的不平等应这样安排,使它们

①适合于最不利者的最大利益,并与正义的储蓄原则相一致;

②在公平的机会平等的条件下,使所有的职务和地位向所有的人开放。

第一个原则

> 每个人对与其他人所拥有的最广泛的基本自由体系相容的类似自由体系都应有一种平等的权利。
>
> ——正义二原则的第一个原则

第一个原则也叫"最大的平等自由原则"。

针对第一类可以被平等分配的"基本善"问题，第一个原则给出解决方案：对这些"基本善"进行最大限度的平等分配。无论人们有着怎样的家庭出身以及社会地位，每个人都享有平等的自由与权利。

这里有两点需要注意：

第一，每个人在行使自己的自由之权利时不能侵犯他人，比如你有言论自由，但不代表你可以任意诽谤他人。

第二，罗尔斯提出的"基本自由"是指政治学上的自由[①]，而非指所有的自由。诸如"喜欢吃什么菜，喜欢什么类型的音乐，选择什么样的对象"等自由就不在罗尔斯正义原则讨论的范围。因为罗尔斯的正义问题讨论的是社会的基本结构和制度如何制定的问题，只有"基本自由"，即政治层面的自由跟政治法律制度相关，其他层面的自由，如吃什么、听什么等自由跟政治制度以及社会分配制度的构建关联度不大。

[①] 指政治自由（选举与被选举的权利）、言论与集会的自由、良心的自由与思想的自由、人身自由与拥有个人财产的权利、法治概念所界定的不受任意逮捕及拘禁的自由。

总体而言，第一个正义原则保障的是每个人的自由和权利，其适用范围是政治领域，解决的是第一类"基本善"的分配。

第二个原则

在处理第二类"基本善"无法被平等分配的问题时，罗尔斯认为：自然或社会的偶然因素导致的非自愿的不平等现象，是根本无法被消除的。因为我们并不能通过制度的制定，来决定一个人的家庭出身、天赋、财富等问题。

罗尔斯的思路是：在承认这些因偶然因素造成的非自愿的不平等现象的基础上，去制定一些规则，以使这样的不平等成为人们可以接受的、合理的不平等，使社会所有成员达到一致认可的效果，从而消除人们关于不平等的意识。

注意一点，罗尔斯要消除的不是非自愿的不平等现象，而是人们不平等的意识。这样的做法便体现在第二个正义原则中：

> 社会的和经济的不平等应这样安排，使它们
> ①适合于最不利者的最大利益，并与正义的储蓄原则相一致；
> ②在公平的机会平等的条件下，使所有的职务和地位向所有的人开放。
>
> ——正义二原则的第二个原则

正义二原则的第二个原则具体来说分为两部分：

差别原则

"适合于最不利者的最大利益，并与正义的储蓄原则相一致。"这一条叫"差别原则"，适用于收入和财富分配。这里的"最不利者"指的是社会底层的人们，即"最低期望的收入阶层"[①]。

也就是说，承认并允许"社会的和经济的不平等"现象得以发生的一个条件,是使这样的不平等分配符合"最不利者的最大利益"。

可见，"差别原则"是从"最不利者"的角度去看不平等的分配问题，以使得人们都能够接受这样的状况。这也体现出罗尔斯对弱者的伦理关怀。

公平的机会平等原则

"在公平的机会平等的条件下，使所有的职务和地位向所有的人开放。"这一条原则叫"公平的机会平等原则"，适用于机会和权力的分配。

比如，工作单位中有个职位的空缺，那么谁来填补这个空缺呢？"走走关系，走走后门"——如果按照这样的方式，是不是有一定家庭出身和社会背景的人就更容易获得这个职位呢？答案是肯定的。

这条"公平的机会平等原则"就是要杜绝这样的现象，消除因为自然和社会的诸多因素对人们追求职业前途的影响。这条原则提

[①] 由于出身、天赋问题或者其他社会的偶然要素，导致这类人没有享有他们该享有的权利以及获得应得的财产而深陷贫困。

倡职位要面向所有人开放，让每一个具有相似动机和天赋的人，都有平等的机会去获得这个职位。

哪怕最后的结果造成一些人获得了职位，一些人没有获得职位，尽管这个结果看上去是一种不平等分配的体现——但大家还是可以接受这个结果的。

两个优先规则

（1）在两个原则之间，第一个原则优先于第二个原则。

第一个原则就是确保人的平等自由，当每个人的平等的自由和权利被确保后，才能谈其他的事情，诸如财富、收入、机会的分配等。如果人的基本自由都无法保障，其他的就免谈了。这一优先原则的实质体现的是自由的优先性。

（2）在第二个原则中，"公平的机会平等原则"优先于"差别原则"。

我们可结合日常生活的案例来理解。比如，大家在竞争同一个工作职位，只有在先保证"每个人有同等机会获得职位"的基础上，再去考虑"在不能改变的不平等的分配状况下，如何满足最不利者的最大利益"的问题。而不是一开始，天平就先倾斜于"最不利者"。如果这样，每个人都想成为最不利者（弱者），因为弱者可以享受更大的福利。如此这般，社会的运作效率该如何保障？当大家都在坐等福利时，社会合作就无法有序进行，社会发展也会停滞。

所以，只有先满足了"公平的机会平等原则"才能满足"差别原则"。只有每个人积极行动起来去工作，去开展社会合作的活动，社会的生产效率才能提升，社会才能发展。而后再去考虑使最不利者获得最大的利益，从而保障大家都能接受不平等的分配结果。

罗尔斯的正义二原则，以处理"基本善"的分配为目的，它们都是从"应当"的角度，即应当怎么做更合理的层面所做的阐述。

既然是"应当"的角度，也就意味着还存在很多其他的处理原则，只不过在这些原则中，选择了这样的两种原则作为标准最为合理。

05
罗尔斯：
纯粹的程序正义和反思的平衡

为什么说选择这样的两个原则而非其他的原则，是更合理的？这两个正义原则是如何被推导出来的？要解答以上问题，我们就要了解正义原则的论证过程。

接下来，我们将从论证的铺垫和前提（涉及契约论证明、纯粹的程序正义以及反思的平衡方法）以及论证的过程（涉及"无知之幕"以及互不关心理性和最大最小值规则）进行一一介绍。

契约论式的论证

总体而言，罗尔斯采取的是契约论式的论证方式。

什么是契约论？我们简单理解就是，大家一致同意并订立共同遵守的契约，使每个人的利益得以保障的理论。契约论式的论证核心点是"选择"：只有当所有人做出一致的选择时，才能订立出共同遵守的契约，从而保障契约生效。

关于"选择"的问题，会出现两种情况：

一是人们在知道结果的前提下进行选择。比如，"它们是正义原则，所以我们才选择了它们"。在这种情况下，我们对"人们为何会做出这样的选择"就不必加以论证。因为在选择前人们已经有了结果的预设，人们已经知道了怎样分配是公平公正的，人们只需选择这样的标准执行即可。

二是人们在不知结果的前提下进行选择。比如，"我们选择了它们，所以它们才是正义的原则"。也就是说，人们在不知道什么结果是正义、公平和平等的，且也没有客观的标准来规定其公正平等的前提下就要对其进行选择。当所有人都做出一致选择时，其选择的结果便作为正义原则。在这种情况下，我们对"人们为何做出这样的选择"就需要加以论证。

罗尔斯对第二种情况下的"选择"进行了论证：人们在不知"何谓正义"的前提下，如何做出一致同意的选择？做出的这样的选择，为何就是正义的原则？

纯粹的程序正义

在罗尔斯看来，需要设置一套公平的程序以使人们获得正义的原则。

这该如何理解呢？我们都希望开拓一条正义之路，到达正义的彼岸，但在出发前人们并不知道"何谓正义"。于是，我们先设置一套公平公正的程序，只要每个人都按照这套程序探索正义原则，那么得到的便是公正的结果,得出的原则便是正义原则。这有一点"摸着石头过河"以及"这个世界上本没有路,走的人多了也就成了路"的意味。

也就是说,经由这套公平的程序推导,大家选择的一致结果便是正义的原则。因而,罗尔斯所谓的正义是"纯粹的程序正义"。

那么,我们该如何设置这套公平的程序?① 这套公平的程序是怎样的一套程序?罗尔斯提出"反思平衡的方法",以找到进入这套程序正义的入口。

反思的平衡

什么是"反思的平衡"?罗尔斯这样解释:

> 它既表达了合理的条件;又适合我们所考虑的并已及时修正和调整了的判断。这种情况我把它叫做反思的平衡。它是一种平衡,因为我们的原则和判断最后达到了和谐;它又是反思的,因为我们知道我们的判断符合什么样的原则和是在什么前提下符合的。②

通俗理解,"反思的平衡"意味着人们在感性的判断和抽象思

---

① 因为一旦我们弄清楚这套公平的程序设置的方式,也就意味着我们弄清楚了正义原则被推导出来的过程,也就等于弄清楚为什么人们会一致选择罗尔斯所说的正义原则的原理。
② [美]约翰·罗尔斯.正义论[M].何怀宏,何包钢,廖申白,译.北京:中国社会科学出版社,2016:20.

考的原则之间不断做出调整,以使两者达到平衡与和谐状态的方法。

也就是说,当人们在设置公平正义的程序时,总会受到自身立场和角度的影响,以致直觉判断和原则之间难免存在偏差。于是,我们运用"反思的平衡"方法,以调整自己的主观判断,排除个人偏见、个人的特殊身份等要素产生的影响,从而以更加公平、公正的立场制定规则。

经由"反思的平衡"后,人们其实回到了一个假定的"原初状态"。这时,罗尔斯假设了一个"无知之幕",以保证程序上的公平。人们站在"无知之幕"的背后讨论分配问题,当所有人达成共识后,其讨论的结果便是正义原则。这就是我们通过"反思平衡"的方法设置出的一整套公平正义的程序。

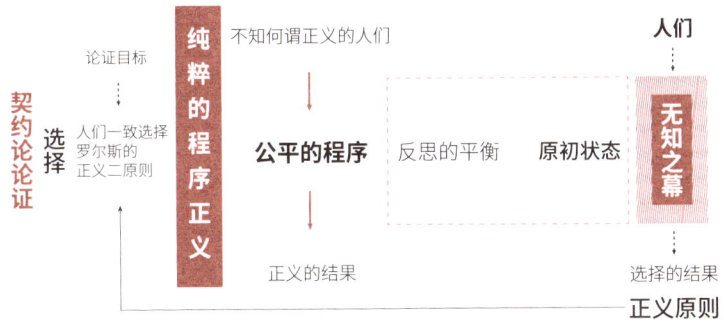

● ● 对正义原则的论证

06
罗尔斯：无知之幕

前面我们提到罗尔斯假设了一个"无知之幕"，以保证程序上的公平，那该如何理解"无知之幕"呢？在"无知之幕"背后的人们，是如何制定分配原则的，是如何做出选择的？

无知之幕

"无知之幕"是罗尔斯假设出来的一块"遮蔽之幕"。在这块幕布背后，每个人自身的标签，如身份、地位、阶级出身、财富状况等都被遮蔽起来，每个人在并不知道彼此状况的情境下，去讨论如何分配的问题。

具体来说，"无知之幕"遮蔽的内容包括以下几方面：

一是每个人的社会地位、阶级出身、天生资质和理智能力。

二是每个人自己的价值观、合理的生活计划和特殊的心理特征。

三是每个人存在于其中的社会经济和政治状况，或者这一社会所能达到的文明和文化水平等。

这里要注意一点，"无知之幕"排除的是关于社会的"特殊事实"[①]，而非人们理性思考的能力。并不是说在"无知之幕"下人们就可以胡作非为，"无知之幕"只掩盖每个人的特殊身份，以使人们可以在一个更为平等的基础上进行理性的协商和讨论，制定出一套合理的正义原则，从而保障自身的利益。

这种理性的处理方式也被称作"互不关心理性"，即一种"没有偏见"的理性方式。人们只基于自身的理性分析而非其他要素，如对方的身份、地位、财富等做出自己的判断。这颇有一些"对事不对人""就事论事"的意味。

正义二原则的论证

当人们回到原初状态，站在"无知之幕"后会做出什么选择，又会提出怎样的分配方式？为什么人们最终还是选择了罗尔斯的正义原则？

关于自由和权利的分配

首先，我们去讨论第一条原则中提及的关于自由和权利的分配问题。

人们都希望获得最高程度的自由和权利，每个人都希望被多分

[①] 因为"特殊事实"会影响到公正的程序和正义原则的制定。

配一些基本善。同样，规则的制定者也倾向于制定有利于自身利益的规则。但是在"无知之幕"后，人们并不能确定自己和其他人的身份时，又会做什么选择？

比如，一个人假设自己是富人，他提出这样的分配规则："存款在 100 万元以上的人享有的自由和基本权利，要比存款少于 100 万元的人享有的自由和基本权利更多。"显然，这条规则对富人更有利。

当我们撕掉"无知之幕"，即回到现实世界后，会出现两种状况：这个人的实际存款在 100 万元以上，那么这条分配原则对他有利；这个人的实际存款不足 100 万元，这条分配原则就对他不利。

这两种情况都有可能发生。于是每个人经过这样的思考后，都不愿冒这个风险，最后便会一致选择这样的一个原则——每个人享有平等的自由和权利。因为这样选择，谁都不会吃亏。

如此，罗尔斯的第一个正义原则就被论证出来了，这是大家一致选择的结果。同样，这样的推理也适用于经济和社会的分配状况，如收入与财富，机会和权利，等等。但是在现实中，社会经济领域的确出现了一些不平等的分配现象，如收入分配不均、财富分配不平等等。人们该如何处理这种不平等，罗尔斯提出"最大最小值规则"的方法加以解决。

最大最小值规则

"最大最小值规则"也叫"最低的最大限度规则"。

当我们面临诸多选择时，对所有选择中会出现的"最坏情况"加以比较，从而选择其中最好的，即损失最少的那一个。也就是说，选择这个情况得到的最坏的结果也要比选择其他情况得到的最坏结果要好。这就是对"最大最小值规则"的通俗解释，我们可结合下面这张图理解。

决定	环境		
	C1	C2	C3
D1	-700	800	1200
D2	-800	700	1400
D3	500	600	800

● 三种选择及其结果

比如，一个人面临三种选择（竖列的 D1、D2、D3）。这三种选择分别对应着各自产生的结果，即 C1、C2、C3，正数字代表着赚钱，负数字代表着赔钱的含义。具体分析一下：

第一种选择 D1，最坏的情况是损失 700 元，最好的情况是赚 1200 元；

第二种选择 D2，最坏的情况是损失 800 元，最好的情况是赚 1400 元；

第三种情况 D3，最坏的情况是赚 500 元，最好的情况是赚 800 元。

这时，这个人该如何选择呢？"最大最小值规则"告诉我们，将三种最坏的情况——C1 列进行比较，D1 和 D2 是亏损状态，而

D3 没有亏损还赚了 500 元。这就意味着，D3 最坏的情况也要比 D1 和 D2 的最坏情况要好。因此，这个人应该选择 D3。

我们仍然回到正义原则的论证中。

在罗尔斯看来，人们之所以会选择"差别原则"——"经济的不平等应这样安排，使它们适合于最不利者的最大利益，并与正义的储蓄原则相一致"，正是缘于"最大最小值规则"。

在"无知之幕"背后，人们无法判定自身的状况，每个人都有可能遇到最坏的情况，成为最不利者。

那么，当所有人都假设自己是最不利者时，便会一致做出这样的判断：在所有最坏的情况里选择最好的情况，以使最不利者获得最大限度的利益。在揭开"无知之幕"后，即使自己一旦"中招"也没关系，因为这条原则保障了最不利者① 的最大利益，最差也差不到哪里去。

基于这样的心理，大家会一致认可并选择"差别原则"作为正义原则。当然，这种情况是针对第二种不能平等分配的基本善而言。社会可以允许这样的不平等，但也必须满足这样的不平等对最不利者有利的条件。归根结底，不平等的分配还是存在的，只不过这样的原则消除了人们关于不平等的意识。

---

① 最不利者：是指最低期望的收入阶层，最不利者本身的期望值是有一个范围的。比如，我们用 1—100 作为期望指数，假设 1—10 就是最不利者的期望值区间，只要达到这个区间的最大限度（比如达到 10），也就意味着这样的不平等分配对最不利者是有利的。

07 汉娜·阿伦特：去爱这个世界

她是哲学史上少有的女性哲学家。
她身上流淌着犹太人的血液，
她有着希腊的情怀，她为哲学痴狂，
但她更关注现实，有着为政治献身的勇气。
她始终认为：在哲学和政治之间，存在着某种至关重要的张力。
她的理论深邃而晦涩，充满对人类境况持续性的关切，
她挖掘极权主义的起源，
她讨论革命与自由、暴力与人权，
她关注犹太人大屠杀与艾希曼审判，
她批判纳粹分子的极端之恶，
她揭露人类无思想性的平庸之恶。
她的作品曾引起巨大争议，
她忍受谩骂与诅咒，却依然捍卫自己的理想，
同样，她也可以为爱情如痴如狂，

她就是当代著名的政治哲学家
——汉娜·阿伦特

汉娜·阿伦特（Hannah Arendt, 1906—1975年）美籍犹太裔政治学家，原籍德国。汉娜·阿伦特被广泛认为是20世纪最重要的哲学家之一，她的著作讨论从极权主义到知识论等问题，涉及权力的本质以及政治、直接民主、权威和极权主义等主题，对政治理论产生了长远的影响。

汉娜·阿伦特是西方思想史上少有的女性人物，也是一位公认的政治哲学家。但她却更愿意称自己是一位"政治理论家"或"政治作家"，从而避免用政治哲学家或某类哲学家之类的称呼。

总体而言，汉娜·阿伦特探讨的话题维度有很多，比如极权主义、政治行动、自由与革命、暴力与人权、共和国的危机、责任与判断、艾希曼审判、恶的反思以及人的境况等。这些繁杂的主题，都表露出了她对"人类事务之脆弱性"的极度关切。1958年，阿伦特出版的著作《人的境况》的最初标题——"爱这个世界"，或许已足以表达出阿伦特对人类与世界的终极态度。

在介绍阿伦特最为重要的两个主题——"根本恶"与"平庸的恶"[①]之前，我们先了解一下她的生平，看看她的经历对她的思想产

---

① 这两种"恶"分别在《极权主义的起源》和《艾希曼在耶路撒冷》两部著作中得以阐述。

生了怎样的影响。

作为犹太人的阿伦特

1906 年 10 月 14 日,阿伦特出生于德国的汉诺威市。她的父母均来自殷实的犹太商人家庭,自然,阿伦特的身上也流淌着犹太人的血液。

在阿伦特出生几年后,全家搬迁到了东普鲁士的哥尼斯堡,也就是康德的故乡。阿伦特的父亲是一位工程师,因身患疾病于 1913 年去世。同年,她的祖父也去世了。后来在第一次世界大战期间,由于俄罗斯军队的入侵,母亲带着阿伦特临时逃亡到了柏林。亲人的相继过世,加之战争的爆发,使幼小的阿伦特强烈感受到了生活的动荡与不安。或许是从那个时候开始,阿伦特对人类遭受的苦难就特别敏感。

这里不得不提的就是阿伦特的犹太人身份。1964 年,阿伦特接受电视台采访时说:"犹太人一词,从未在家中提起,我第一次听到这个词,是在街上玩耍时孩子们的反犹言论。"可以说,阿伦特从他人口中得知自己的犹太人身份,"犹太人"是别人贴给她的一个标签。

她对犹太人以及犹太性的理解,是其后来探讨极权主义理论的一个重要因素。

与海德格尔的激情岁月

1924 年,阿伦特以合格的成绩进入马堡大学学习,也就是海德格尔所执教的大学。

那时,18 岁的阿伦特还是一位天真的女大学生,求知欲强且非常有灵性。她选修了海德格尔的课,之后便被这位哲学教授的思想魅力所深深吸引。精神上的孤独使阿伦特特别需要心灵的慰藉,她逐渐对海德格尔产生了崇拜之情乃至有为其献身的冲动。而当时已经 35 岁的海德格尔早已有了自己的家庭,而且还是两个孩子的父亲。但因荷尔蒙作祟,他被眼前这位水灵灵的漂亮女学生阿伦特所吸引,并对她产生了生理的欲望。

就这样,他们很快发展为师生恋的关系,开启了一段激情燃烧的岁月。在这段偷情的时光里,海德格尔正在撰写《存在与时间》。他后来说,阿伦特是他的灵感之源。

1926 年,海德格尔感受到婚外情压力,他并不想因私情妨碍自己的前程,便结束了这段师生恋的关系。之后,阿伦特来到海德堡,跟随导师卡尔·西奥多·雅斯贝尔斯学习,完成博士学位论文《论奥古斯丁的爱的概念》。

为了抹去海德格尔在她心中留下的心理创伤,1929 年阿伦特来到柏林,遇到了哲学家君特·斯特恩,并匆匆与他结婚。

投身政治

1930年之后,德国纳粹上台。

不过,让阿伦特感到震惊的并非"纳粹上台"这一政治事实,而是当时出现的很多德国知识分子与纳粹合作的现象。

这些热衷心灵生活的知识分子,难道就看不清纳粹政权的本质吗?哲学家的政治愚蠢行为(尤其是海德格尔与纳粹的合作[①])深深刺激了阿伦特,加之她犹太人身份的因素,她便不再同意自己仅仅做一个旁观者,而是将研究领域从哲学转向了政治。

1933年,阿伦特因接受了一份政治工作——支持犹太复国主义的组织活动而被拘捕。这迫使她流亡法国。在法国期间,她继续为德国的犹太复国主义组织工作,在这里她遇到了许多被流放的犹太复国主义者。也是在法国,她结识了瓦尔特·本雅明以及雷蒙·阿隆,并和他们成为好朋友。

在本雅明家的一次聚会中,阿伦特认识了自己深爱的第二任丈夫海因利希·布吕歇尔。在结束了与前夫斯特恩的法律关系后,她便与布吕歇尔在巴黎结婚。

1940年,巴黎沦陷。阿伦特在拘留营被关押了两周时间。侥幸逃脱之后,她于1941年5月安全到达美国纽约。十年后,阿伦特成为美国公民。

---

① 后来,海德格尔也意识到支持纳粹是误入歧途。

对恶的反思

流亡的岁月、与纳粹分子直接战斗的经历以及自己的犹太人身份等因素,对阿伦特的思想产生了重要影响。虽然战争结束,但是她认为非常有必要对 20 世纪德国的极权主义的起源问题做更为深入的理论研究——为什么单单是犹太人被挑选为纳粹大屠杀的对象?极权主义得以产生的各种要素是什么?极权主义的发展逻辑是什么?这些问题成为阿伦特研究、思考的方向。

1951 年,阿伦特出版《极权主义的起源》,书中将以上问题做了详细阐述。她将"灭绝营"称为"根本恶""极端的恶",她认为纳粹分子犯下的恶行是对人类世界的毁灭。

后来,阿伦特基于大量调研并亲临艾希曼审判现场,写成《艾希曼在耶路撒冷:一份关于平庸的恶的报告》。在这部著作中。她认为,无思想性的"平庸的恶"具有双重指向——既指艾希曼的无思想性,也指犹太人自身的无思想性。

1975 年 12 月 4 日,阿伦特因心肌梗死与世长辞。可以说,阿伦特丰富的人生经历使其思想绽放出了独特的魅力。

接下来,我们将从她的著作《极权主义的起源》为切入,去探究她关于极权主义以及"根本恶"的思考。

08 汉娜·阿伦特：极权主义的实质

在《极权主义的起源》这部著作中，汉娜·阿伦特并没有阐明极权主义到底起源于什么，而是旨在揭示与极权主义的产生相联系的要素有哪些的问题。

《极权主义的起源》的整体逻辑

总体来说，极权主义的产生跟这些事实要素有关：反犹主义，民族国家的衰落，欧洲帝国主义分子在种族主义支配下进行的"为扩张而从事的扩张"，资本与暴徒之间的联盟，人们精神上的无家可归和漂泊无根的心绪，即人类的孤立与孤独。

那么，如何从整体上把握这些要素的逻辑关联性呢？我们可结合下面的逻辑图来理解。

《极权主义的起源》的逻辑脉络

极权主义的基本原则与实质

意识形态

统治对象：
- 有钱但无权
- 屠杀无辜者
- 为什么犹太人被大屠杀 ← 政治上无知
- 欧洲政治文明与制度的崩溃

深层问题：
- 资本与暴徒的联盟
- 大众孤独的心理

消灭人类行为的自发性 — 一切皆有可能
强制执行历史或自然法则 — 摧毁全世界 — 一切皆可摧毁

恐怖

如何统治：
- 集中营与灭绝营
- 根本恶
  - 取消人的法律自由
  - 摧毁人身上的道德人格
  - 消灭人的差异化和独特性

通向极权统治之路

在《极权主义的起源》中，阿伦特从"极权主义的实质与基本原则"的问题出发，展开两个维度的解析。

在"统治对象"这一维度，阿伦特先探讨"为什么是犹太人，而非其他国家的人被大屠杀"的问题，而后挖掘其背后的深层原因——欧洲现代文明与制度的崩溃，涉及暴徒和资本的联盟与大众的心理基础等要素。

在"如何统治"这一维度，阿伦特聚焦于对纳粹集中营和灭绝营的具体劣行的阐述，进而挖掘纳粹分子犯下的"根本恶"和"极端的恶"的实质。

极权主义：前所未有的历史事件

阿伦特认为，20世纪德国的极权主义统治形式，不同于历史上任何暴政或专制的形式，是前所未有的历史事件。

你或许会有这样的疑问：极权的政治形式，如旧制度下的暴政和专制制度历来就存在，为什么阿伦特说20世纪的极权主义是前所未有的政治形式？

对人与世界的全面颠覆与摧毁

旧制度的暴政极权统治，是君主从政治层面对群众实施的镇压方式。君主剥夺群众的政治自由，以清理和排除政权的敌对者，对于群众的私生活层面，君主并未做过多干涉。但20世纪的极权主义则不同，统治者不仅要消灭政权的敌对者，更要消灭人的全部自由性，甚至包括人的私生活层面的自由。极权主义者力求从思想、行动等方面对人予以全面控制，以摧毁人们之间的所有信任，消解人的个性和多元性，抹去人与人之间的任何区别，不允许人的意识中产生一种哪怕很微小的自发性火花。在极权主义统治下，世界于人就是一个"无意义"的世界。

极权主义要屠杀的是全然无辜的人类群体，极权主义最终要实现的是对人性与世界的彻底颠覆与毁灭。

恐怖及意识形态

旧制度下的暴政统治以"制造恐怖"为手段，目的是实现独裁者的统治；但20世纪的极权主义不同，它的政治目标或许根本不存在[①]，"制造恐怖"以及"通过恐怖活动对人类世界的彻底摧毁"就是其意义所在。

可以说，极权主义是一场大规模群众参与的"不断的运动"。它如同一个运转中具有强大吸力的漩涡，不断吸引更多人有组织地加入它的结构，以使自身得以无休止地运转，且它的运转并不需要法律为指导。极权主义政府蔑视一切成文法，甚至极端到蔑视自己制定的法律。

极权主义遵从严格的逻辑，强制地执行历史或自然法则。它的意识形态不是对独裁者加以合法化，而是实行高于通常法律的"自然法则"和"历史法则"。这意味着人们做所的一切，包括对他人进行肉体上的改造和消灭，都是历史的必然体现。在极权主义者看

---

① 极权主义并没有任何可理解的特殊利益作为目标，统治者"制造恐怖"也并非以建立专制制度为目的。

来，既然"生者皆会死",那么就开始"杀杀杀"吧!

而极权主义的内在法则可以决定,"谁可以在今天做杀人者,清除种族与个人、垂死阶级的成员和没落民族,而明天他们自己也成为牺牲品"[1]。极权主义"随时准备牺牲每一个人的重大直接利益,来执行它认定的历史法则和自然法则"[2]。

在这个过程中,统治者借助大众传媒技术对群众进行意识形态的"绑架",以指导群众成为"杀人者"或"被害者"。每一个人都被塑造为这套同一性逻辑,即以"杀人者"或"被害者"的身份执行历史法则或自然法则下的个体,人们所有的行为都必须服从这套既定的规则。于是,人的多样性被无情抹杀,人们变得同一而孤立,最终沦为"多余的人"。

而处于孤立和孤独状态的人们,又对胜利有着最"抽象的渴望",以至于产生这样的极端心理:"只要是胜利,无论是什么目标;只要是成功,无论是何种企图。"[3]

如此,一个恶性循环的圈套就此产生:统治者滥杀无辜制造恐怖,以吸纳孤独的群众加入这场运动;随着组织的不断壮大,便会制造出更大的恐怖从而吸纳更多的群众加入这既定的结构……在极权主义氛围中,所谓的法律制度与伦理道德已被人们抛掷九霄云外。人们忘乎所以,没有任何秩序和法则可言,只为能获得"胜利"与

---

[1] [美]汉娜·阿伦特.极权主义的起源[M].林骧华,译.北京:生活·读书·新知三联书店,2014:583.
[2] [美]汉娜·阿伦特.极权主义的起源[M].林骧华,译.北京:生活·读书·新知三联书店,2014:576.
[3] [美]汉娜·阿伦特.极权主义的起源[M].林骧华,译.北京:生活·读书·新知三联书店,2014:13.

"成功"的快感。

极权主义：一种"反国家"的恐怖形式

极权主义表面上的宣言是"总体国家"，但实质上却是以"反国家"的恐怖形式取代国家。

"'在极权主义统治的国家，国家只是一种门面。'它掩盖了统治的真实核心：秘密警察和某个领袖。极权主义就是以这种手段抹去了合法政府与暴君式不受制于法律的专横〔……〕这两者之间的区别。"[1]

阿伦特说："如果守法是非暴政体制的本质，而不守法是暴政的本质，那么恐怖就是极权主义统治的实质。"[2] 在极权主义统治下，人与人组成的社会和一切社会关系的总体结构彻底崩溃。

这就是阿伦特所谓的极权主义"前所未有性"的原因所在——一切皆有可能，一切皆可摧毁。

---

[1] ［德］沃尔夫冈·霍尔，［德］贝恩德·海特尔，［德］斯特凡妮·罗森穆勒．阿伦特手册［M］．王旭，寇瑛，译．北京：社会科学文献出版社：2015：556.
[2] ［美］汉娜·阿伦特．极权主义的起源［M］．林骧华，译．北京：生活·读书·新知三联书店，2014：579.

09
汉娜·阿伦特：犹太人问题

在理解极权主义的实质后，我们来探究：为什么偏偏是犹太人，而非其他国家的人被纳粹分子挑选为大屠杀的对象？

为什么是犹太人

反犹主义

自古以来，犹太民族一直是一个漂泊无根的民族。犹太人没有组成政治共同体，长期处于"无家可归"的状态。

在民族国家发展的早期阶段，出于新的商业利益的需要，犹太人被允许享有某种特权，即从事私人资本主义的日常金融活动。随着金融事业的发展，犹太人在商业上的影响力越来越大，他们逐渐成为富人群体。

在19世纪欧洲民族国家体系中，犹太人尚有生存余地。但随着民族国家的衰落以及帝国主义的兴起，犹太人的地位便一落千丈。

由于掌管着财富的犹太人①没有培养出参与政治的意识，他们被分化为一群"有钱但无权"的人。

人们可以服从和容忍真正的权力，却仇视那些无权但有钱的人。这意味着，在无权力的情况下拥有财富是一件很危险的事情。逐渐地，犹太人沦为被社会蔑视的对象。

阿伦特援引托克维尔在《旧制度与大革命》中对当时法国大革命时没落贵族命运的分析指出："只要贵族还拥有无边的司法权力，他们就不仅被人容忍，而且还受人尊敬。当贵族失去特权，尤其是丧失剥削和压迫的特权时，人们觉得他们是寄生虫，在统治国家方面不起任何作用。换言之，剥削和压迫都不是他们引起怨恨的主要原因；而没有可见的政治作用却拥有财富才是最不可容忍的，因为谁也不理解无功为何受禄。"②

这个道理同样适用于解释犹太人的状况，"当犹太人同样地丧失了他们在公共事务中的作用和影响，除了财产之外一无所有时，反犹主义就达到了顶峰"。③

在当时，犹太人的地位对正常的资本主义发展是一种阻碍，他们仍然是封建秩序的一部分，所以中欧和西欧国家尝试从经济上铲除犹太人。20世纪初，犹太人失去了封建社会中的特权，自由派和激进的知识分子也加入了反犹行列。当社会上的反犹情绪逐渐演变为政治上的反犹主义时，纳粹分子便选择犹太人作为大屠杀的

---

① 到希特勒执政，德国的银行金融业全部控制在犹太人手里已达100多年。
② [美]汉娜·阿伦特.极权主义的起源[M].林骧华，译.北京：生活·读书·新知三联书店，2014：38.
③ [美]汉娜·阿伦特.极权主义的起源[M].林骧华，译.北京：生活·读书·新知三联书店，2014：38-39.

对象。

犹太人：政治上的无知

"犹太人在政治上的无知，使他们能适应其特殊角色、扎根于国家的商业圈、对人民有偏见和对权威趋炎附势，能对反犹主义的政治危险视而不见，对一切形式的社会歧视则过于敏感。"①

犹太人历史的特定本性导致了政治能力与政治判断的缺乏，他们在历史上没有政府，没有国家，也没有语言。"犹太历史提供了一个民族的独特的景观：说它独特，是因为一个民族的历史开始于十分明确的历史观念，并且有意识地决定要在尘世达到一项目标明确的计划，后来却在并未放弃这种观念的情况下，2000年来避开了一切政治行动。结果使犹太民族的政治历史比其他民族更加依赖于无法预见的偶然因素，因此犹太人跨踌于不同的角色之间，对任何角色都不负责任。"②

在阿伦特看来，犹太人③对自己的命运也有着不可推卸的责任。犹太人对政治的冷漠与无知，其自身缺乏政治行动力和判断力，不参与公共事务的管理，自愿隔离于公共世界……这些都是导致犹太人最终被攻击的因素。

---

① ［美］汉娜·阿伦特.极权主义的起源［M］.林骧华，译.北京：生活·读书·新知三联书店，2014：95.
② ［美］汉娜·阿伦特.极权主义的起源［M］.林骧华，译.北京：生活·读书·新知三联书店，2014：43.
③ 指大多数无思考力的犹太人，而非少数具有反抗斗争意识的犹太复国主义者。

欧洲现代政治文明和制度的崩溃

如果继续探究"犹太人被大屠杀"背后的深层问题，就会涉及"欧洲现代政治文明和政治制度的崩溃"问题——帝国主义时代下"暴民与资本的联盟"以及大众的孤立和孤独之感。

暴民与资本的联盟

从 1884 年到 1914 年，帝国主义 ① 逐渐兴起，其扩张最初以经济危机作为奇特的开始方式。

当资本主义发展进入"过剩"期时，社会便会出现"过剩的资本"和"过剩的劳动力"。

因为剩余的资金在本国范围内无法再找到有效的投资场所，统治者便需要想办法突破本民族和国家管辖的领土界线向外扩张，掠夺海外殖民地以获得更大的利益。

这时，社会上正好出现了一批多余的劳动力群体 ②，阿伦特称这些社会闲散人士为"暴民"（或"暴徒"）。他们大多数人处于生活或事业受挫但又不甘心的状态，他们雄心勃勃随时准备大干一场。

于是，当"资本"遇上"暴民"后，"暴民"便成为帝国主义扩张的先驱者和主力军。这些缺乏伦理道德甚至具有反伦理倾向的"暴民"，抱持虚无主义世界观进行野蛮的对外掠夺，表现出极大的

---

① 所谓帝国主义，是指欧洲各国不断向海外殖民地进行扩张的政治现象，其特点便是"为扩张而扩张"，将"扩张"当作永久的最高政治目标。
② 由破产的贵族、失业工人、冒险家、商人、专业淘金者等人组成。

破坏性和对世界极不负责的态度。

可以说,"暴民与资本"的联盟,起初只是统治者进行资本扩张、寻求经济利益的手段,但最后却引发了一连串毁灭性的灾难。

随着暴行愈演愈烈,"暴民"逐渐成为群众领袖,他们便不再代表资产阶级而只代表群众。于是,他们以公开的破坏性暴行嘲弄资产阶级社会的体面。由此,一切驱逐、杀戮的行为都成为可能。

有着一定疆域和宪政结构的现代"民族国家"逐渐解体,政治结构发生变化——既有的法治政治传统被摧毁,既有的伦理价值观被践踏。在这种状况下,"民主"可能被扭曲为"暴政","暴民"中便会产生"暴君"。于是,欧洲既有的政治制度的合法性逐渐丧失,欧洲现代文明与制度逐渐崩溃、瓦解。

最终,帝国主义的政治家们打着"种族主义",即以"种族代替民族"的旗号,创造出了一个极权主义的政府,犹太人便成为最大的牺牲品。

大众的孤独

与"暴民",即有着野心与抱负、具有破坏力的群体不同,"大众"是社会上孤立的、不具有破坏力的中立个体。他们随波逐流,疏离于公共世界,没有坚定的立场,也是政治上的先天冷漠者。最关键的是,没有任何共同体的纽带将大众"捆绑"起来,大众处于无组织的状态。

面对动荡的社会环境,即当欧洲既有的政治文明与制度的崩溃时,大众日渐感到恐惧、绝望与孤独,且又毫无解决办法。这时,极权主义的意识形态,其宣扬能解答人类历史的目的恰恰戳中大众的痛点。大众被吸纳进极权主义的组织，并从中找到了归属感、目标感和精神寄托。

因为大众自身孤立且缺乏判断力，他们对胜利和成功有着最可怕的抽象渴望。于是，在这些野心家的反复煽动和诱惑下，越来越多无思考力的大众纷纷加入这场群众运动。

最终，极权主义不断发展壮大，给人类社会带来毁灭性的灾难。

10
汉娜·阿伦特：
一切皆有可能，一切皆可摧毁

纳粹分子是如何进行极权统治，并对人的个体性进行全面摧毁的？接下来，我们从"根本恶"这一概念切入。

根本恶

"根本恶"是阿伦特引用康德哲学的一个概念。但与康德"根本恶"的内涵[①]不同，阿伦特提出的"根本恶"是指没有任何理由的极端的恶，它不能被任何可理解的动机，如自我利益、贪婪、怨怒或者权力欲望等推出。

在阿伦特看来，纳粹分子犯下的罪行便是"根本恶"。在集中营、灭绝营以及死亡工厂中，纳粹分子秉持着彻底虚无主义的世界观——"要么是一切，要么是全无"。他们所有的行为都无法由理

---

① 康德的"根本恶"指一切恶可能的根源或根据。康德认为，人的偏好会诱惑人去作恶。当人没有遵循道德法则而是听从自己的偏好去行动时，就犯下了根本恶。

性解释,也没有任何标准可言。"一切皆有可能"也就意味着"一切即可摧毁"。

阿伦特说:

> 集中营不仅意味着灭绝人和使人类丧失尊严,而且被选用于在科学控制的条件下可怕的杀人试验,消灭人类行为的自发性表现将人类个性转变为一种纯粹的事物,转变成连动物都不如的东西;因为就我们所知,巴甫洛夫(Pavlov)的狗是一种倒错的动物,它被训练不是因饥饿而是因铃声而进食。
>
> 这种事在正常情况下绝不可能完成,因为自发性不可能完全被消灭,因为它不仅与人类自由有关,而且与生命本身有关,简单说便是保持生命。只有在集中营里,这种实验才完全是可能的。①

也就是说,集中营和灭绝营的意义就在于把人变为"连动物都不如的东西",把人变为只会做出机械的反应的"多余的人",以此彻底消解人的自发性,消解人之为人的资格,切断人之为人的根本。

消解人的全面自由

具体来说,极权主义政府通过以下三个步骤消解人的全面自由。

---

① [美]汉娜·阿伦特.极权主义的起源[M].林骧华,译.北京:生活·读书·新知三联书店,2014:548.

一是取消人的法律人格

如汉娜·阿伦特在《极权主义的起源》中所说：

> 通向极权统治之路上重大的第一步是取消人的法律人格（juridical person in man），这一步的完成是通过将某几类民众驱赶到法律保护之外，同时用剥夺公民国籍的办法，迫使非极权主义国家认可无法律状态（lawlessness）的现状；另一方面，在正常的惩罚制度之外建立集中营，在那种根据惩治法条定罪的正常法律程序之外，挑选人充当集中营囚徒。因此，刑事犯（由于其他原因而应该成为集中营成员的人）一般被送到集中营，只是为了服完他们的刑期。在一切情况下，极权主义统治留心使集中关押的各类人——犹太人、病人、旧阶级的代表——失去正常行为和犯罪行为的能力。①

这段话表明，集中营体制首先通过使正常的司法体系失效的手段来取消人的法律人格。一旦取消了人的法律人格，就意味着公民失去了法律的保护，极权政府便能对其进行全面的控制，剥夺人的全部自发性。

二是摧毁人身上的道德人格

关于摧毁人身上的道德人格，《极权主义的起源》这样说：

---

① ［美］汉娜·阿伦特.极权主义的起源［M］.林骧华，译.北京：生活·读书·新知三联书店，2014：559.

在制造活死人的过程中,下一步关键是摧毁人身上的道德人格(moral person in man)。这主要靠在历史上第一次使殉难成为不可能的事……①

也就是说,极权主义通过破坏一切人类的团结,使通常意义的道德和良心不起作用。

对人的道德人格的攻击可能仍然遭到人类良心的反对,良心会告诉他,宁可作为一个受害者而死,也不作为一个侩子手官僚而活着。当极权恐怖成功地切断了道德人格的个人退路,使良心的决定绝对成问题和暧昧可疑时,它就取得了最令人可怕的胜利。②

当一个人要在背判和谋杀他的朋友或送走他的妻儿之间做出选择,在每一种情况下,他对他们的死都负有责任的时候;甚至在自杀都意味着直接杀害了他的家人的时候,他该如何做选择?他不再是在善和恶之间做选择,而是在杀人和杀人之间做选择。在极权主义的统治下,人们的道德感和良心失效,善恶的界限逐渐模糊。当人们的道德人格被摧毁,也就意味着人不再具有人的资格。

---

① [美]汉娜·阿伦特.极权主义的起源[M].林骧华,译.北京:生活·读书·新知三联书店,2014:563-564.
② [美]汉娜·阿伦特.极权主义的起源[M].林骧华,译.北京:生活·读书·新知三联书店,2014:564.

三是消灭人的差异化和独特性

汉娜·阿伦特在《极权主义的起源》中提到：一旦道德人格被消灭了，仍然能阻止人被变成活死人的，只有个人的差异化和他的独特性。① 对付这种独特的人格的方法有无数种……几百个人被赤条条地塞进一节运牛的货车车厢，互相紧贴，被运送至集中营，让他们剃光头，穿奇怪的集中营的服装，最后是完全难以想象的折磨，这么计算精确到不杀死人，在任何情况下都不会很快死去。这一切方法就是用来摆布人的身体——有无限痛苦的可能——无情地摧毁人，就像对付器官性精神病一样。②

纳粹分子通过这三个步骤——取消法律人格、摧毁道德人格、消灭个体性，犯下"根本恶"，从而实现对人的完全统治的目的。人的自由性和自发性被全面消解，由天性、意志、命运形成的人的独特性被全部摧毁。

当几百万人毫无抵抗地排队走进毒气室时，这或许足以证明极权主义的恐怖威力。在"根本恶"的面纱下，受折磨的人变为人面傀儡，或许他们在走上断头台之前就已经被彻底摧毁——不仅肉体被摧毁，人的尊严和各种可能性被摧毁，死亡本身的过程被延迟，他们求生不得，求死不能。

---

① ［美］汉娜·阿伦特.极权主义的起源［M］.林骧华，译.北京：生活·读书·新知三联书店，2014：565.
② ［美］汉娜·阿伦特.极权主义的起源［M］.林骧华，译.北京：生活·读书·新知三联书店，2014：565-566.

11
汉娜·阿伦特：平庸的恶（上）
缺乏思考力带来的大灾难

通过《极权主义的起源》，我们对阿伦特探讨的第一种恶——"根本恶"有了基本了解。接下来，我们走进《艾希曼在耶路撒冷：一份关于平庸的恶的报告》，去探究阿伦特关注的另一种恶——"平庸的恶"。

艾希曼审判

1961 年 12 月 15 日，星期五，早上九点，艾希曼被判处死刑。

艾希曼是纳粹德国高官，在整个对犹太人的大屠杀中，他虽不是政策的制定者，但他曾参与输送、驱逐和杀害犹太人，是政策忠实的实行者。几百万名犹太人就死在艾希曼的命令之下，艾希曼也被称为"死刑执行者"。

在战争结束后的 1960 年，以色列特工在阿根廷布宜诺斯艾利斯将艾希曼逮捕，九天后将其空运至以色列。1961 年 4 月 11 日，耶路撒冷地方法院以"反犹太人罪""反人类罪""战争罪"对艾希曼进行了审判。这就是历史上著名事件——艾希曼审判。

●○●**艾希曼审判现场**

汉娜·阿伦特则以《纽约客》杂志记者的身份,亲临耶路撒冷审判现场,对其进行了全面报道。随后她将五篇报告集结成书,即《艾希曼在耶路撒冷——一份关于平庸的恶的报告》。

通过这次审判,阿伦特对"恶"的问题有了全新视角的思考,提出了著名的"平庸的恶"的理论。也因为这本书的出版,使阿伦特陷入巨大的争议中,以至于在后期她花了很多时间和精力去捍卫自己的立场。

在阿伦特看来,"平庸的恶"具有着双重指向:一方面是指艾希曼身上的"不思考"性;另一方面是指犹太人自身的"不思考"性,犹太人要为自身的命运承担责任。

艾希曼的"平庸的恶"

如前面所述,在集中营和灭绝营里,纳粹分子对犹太人进行了惨绝人寰的大屠杀,其气氛恐怖至极。或许大多数人会认为,作为纳粹负责人的艾希曼一定是一个十恶不赦的大魔鬼,是绝对极端的冷血者。因为只有极端凶残之人,才会犯下如此恶劣的罪行。

但实际上并非如此。基于在审判现场对艾希曼的观察,阿伦特发现:"艾希曼既不是伊阿古也不是麦克白,更远远不具备查理三世那种'成为恶棍'的决心。除了不遗余力地追求升迁发迹,他根本就没有别的动机。"[①]

也就是说,艾希曼并非凶残之人,在他身上找不到任何邪恶的动机,他既不粗暴,也没有狂热的信念,更没有大众普遍认为的魔鬼特质,他就是一个普通的平凡人。

艾希曼所做的一切就是在执行命令,他狂热信奉的乃是"成功"这一上流社会的主要标准。艾希曼尽职尽责地完成上级交代的任务,以获得事业上的提升。这或许就是他的动机。而且他对家庭也比较负责,在家庭中扮演着一个好丈夫和好父亲的角色。

那么问题来了,如此普通平凡之人怎么会下如此狠手、做出如此罪大恶极的事情呢?是不是说只有内心极度残暴的人才会犯下滔天大罪?

阿伦特认为,不是的。像艾希曼这样的平庸之人,也同样可以

---

① [美]汉娜·阿伦特.艾希曼在耶路撒冷:一份关于平庸的恶的报告[M].安尼,译.南京:译林出版社,2017:9-10.

毁灭世界。因为恶不仅会以极端的形式表现出来，还可能以一种平庸的形式表现出来。在艾希曼身上体现出的正是这种"平庸的恶"。

"不思想"造成的灾难远远大于作恶本身

"平庸的恶"不是指恶不凶残，而是指再凶残的恶也是空洞无意义的。其产生的根源就在于人的"无思想"性——人丧失了判断力和思考力。

在阿伦特看来，这种脱离现实与无思想性恐怕能发挥潜伏在人类中所有的恶的本能，表现出其巨大的能量的事实，正是我们在耶路撒冷得到的教训。人的"无思想"使"恶"变得再寻常不过，一个平凡、敬业、忠诚的小公务员，极有可能因"不思考"而犯下罪恶，给人类带来巨大灾难。恶的化身，未必只是狂暴的恶魔，也有可能就是极为不起眼的普通人。

而更为悲哀的是，最邪恶的事情是由那些心里没确定是从善或作恶的人所做的。就像艾希曼这样，他根本就没有意识到自己在作恶，甚至从未意识到自己在做什么。

法庭上，艾希曼认为谋杀的罪名是错误的，他说："我没做过任何跟杀害犹太人有关的事。我从未杀过任何一个犹太人，或一个非犹太人，总之——我从未杀过任何人。"[①] 这便是这件事最可怕的地方，作恶者并不觉得自己在作恶，甚至泛恶之后无动于衷，没有

---

① ［美］汉娜·阿伦特.艾希曼在耶路撒冷：一份关于平庸的恶的报告［M］.安尼，译.南京：译林出版社，2017：21.

任何悔意，一切都显得那么心安理得。

作为一个普通人的艾希曼，之所以会成为"平庸的恶"的化身，就在于在极权主义的制度下，他已经失去了辨别善恶、判断是非的思想能力。或许对他来说，几百万条犹太人的生命仅仅是执行命令中的元素，滥杀无辜也不代表着罪恶的行为，仅仅是工作流程的一个环节。

当阿伦特提出艾希曼的恶是一种"平庸的恶"的观点后，在社会上便引发了巨大争议。在很多犹太人看来，艾希曼就是罪大恶极的罪人，但阿伦特却将这样滔天的罪恶定义为"平庸的恶"，这是同情艾希曼、为他的行为开脱责任的体现。犹太人不能接受阿伦特的这个观点。

但事实上，阿伦特不是这个意思。平庸的恶的"平庸"，并非指艾希曼灭绝犹太人这个行为是平庸的，而是指艾希曼思想的特征——不思考及其行为的特征——无判断力地盲目服从是平庸的。正是艾希曼的"不做任何的自我判断"，使其沦为了纳粹政权的帮凶。

大恶能蔓延、糟蹋世界，恰恰是因为它能像毒菌在表面扩散。而"平庸的恶"恰恰是给"大恶"之毒菌提供了其扩散的光滑的温床。

对人类现代性危机的忧虑

极权主义的统治虽已成为历史，但阿伦特的著作仍然能够给现代人以启迪。因为阿伦特通过艾希曼的"平庸的恶"，折射出了日常生活中无数像艾希曼一样的普通人的"无思想、无判断"的特性。

"平庸的恶"或许已通过各种形式，渗透于我们日常生活的各个角落。如果社会上的每个人都沾染这种"无思考""无判断""心不在焉"的特性，那么善恶道德也终将崩塌，社会的伦理基础也终将被摧毁。这才会给人类现代社会带来巨大的、难以想象的灾难。

阿伦特的"平庸的恶"从深层次表达出对人类现代性危机的忧虑，因此，阿伦特的反思也具有现代性批判的特性。

12
汉娜·阿伦特：平庸的恶（下）
对恶的无视，就是对恶的纵容

除了艾希曼身上表现出的"平庸的恶"，引发更大争议乃至彻底招致犹太社会愤怒的，则是阿伦特提出的"平庸的恶"的第二个指向——犹太领导人的"无思想性"。

在阿伦特看来，正是犹太领导人的"不思考"，使纳粹分子能更加顺利地进行大屠杀。犹太领导人要为犹太人的苦难命运承担部分责任。

犹太领导人：纳粹的帮凶

在《艾希曼在耶路撒冷》中，阿伦特列举大量事实阐述犹太领导人与纳粹合作的过程，她毫不掩饰自己对犹太委员会在大屠杀中对同胞犯下罪责的质疑。阿伦特写道："犹太官员被委托拟定人员及其财产名单，从被遣送者手中收取钱财用作其乘车费和灭绝费，监督清空公寓，提供警力协助抓捕犹太人，再把他们带到火车上，直到最后,把犹太社团的财产有序上交充公。"① 可以说,犹太领导人配合纳粹提供"遣送名单",某种程度上成为了纳粹的帮凶。

"假如犹太人民的确没有组织、没有领袖,那么就会乱象丛生,灾祸遍地;但是那样一来,受害者的总数则很难达到四百五十万人到六百万人之间。(按照弗罗伊迪格的估计,假如他们不听从犹太委员会的安排,那么会有将近一半的人得以自救。……在荷兰,犹太委员会,像所有荷兰高官显贵一样,迅速成为一个'纳粹工具'……)。"②

也就是说,"假如没有犹太人协助管理和维护治安,局面就会完全陷于混乱,或严重损耗德国人力"③,那么死亡人数至少不会像事实发生的如此之多。

这些犹太领导人就像"在船将倾覆之际,为安全抵达港口放弃大部分珍贵货物"④的船长,就像"牺牲一百人换取一千人的性命,牺牲一千人换取一万人的性命"⑤的营救者。于是,"人们自愿被从特莱西恩施塔特运到奥斯维辛"⑥。

可见,正是犹太领导人的所作所为,使纳粹的大屠杀得以更加

---

① [美]汉娜·阿伦特.艾希曼在耶路撒冷:一份关于平庸的恶的报告[M].安尼,译.南京:译林出版社,2017:123.
② [美]汉娜·阿伦特.艾希曼在耶路撒冷:一份关于平庸的恶的报告[M].安尼,译.南京:译林出版社,2017:131.
③ [美]汉娜·阿伦特.艾希曼在耶路撒冷:一份关于平庸的恶的报告[M].安尼,译.南京:译林出版社,2017:122.
④ [美]汉娜·阿伦特.艾希曼在耶路撒冷:一份关于平庸的恶的报告[M].安尼,译.南京:译林出版社,2017:123.
⑤ 同上。
⑥ [美]汉娜·阿伦特.艾希曼在耶路撒冷:一份关于平庸的恶的报告[M].安尼,译.南京:译林出版社,2017:124.

顺利地展开。因此，阿伦特说："对于一个犹太人而言，在毁灭本民族的过程中担任犹太领袖，无疑是整个黑暗历史上最黑暗的一页。"①

极权主义：全面的道德崩溃

我们不禁要问，作为犹太民族公认的领导人为什么不组织反抗活动？哪怕对纳粹转运犹太人的运作设置一些障碍，也能增加纳粹犯恶的难度。他们为什么要选择与纳粹合作呢？汉娜·阿伦特认为，这是由于极权主义引发的"全面的道德崩溃"所致。

如阿伦特所言："纳粹在欧洲上层社会——不仅在德国而且在几乎所有国家，不仅在施害者同时也在受害者身上——引发的全面的道德崩溃。"② 也就是说，犹太人自身也发生了道德崩溃的现象，恰恰是这一点使其沦为了纳粹的帮凶。

那么，犹太人自身的道德崩溃又是何以发生的？

在犹太民族内部，纳粹分子对犹太人群体进行分门别类，以三六九等区别对待③。当犹太人群体接受了这种"特权类型"的区分方式时，便会引发一场严重的道德灾难。

---

① ［美］汉娜·阿伦特.艾希曼在耶路撒冷：一份关于平庸的恶的报告[M].安尼，译.南京：译林出版社，2017：123.
② ［美］汉娜·阿伦特.艾希曼在耶路撒冷：一份关于平庸的恶的报告[M].安尼，译.南京：译林出版社，2017：132.
③ 比如"德国犹太人优于波兰犹太人，战场老兵和有功勋的犹太人优于普通人，祖上就出生在德国的家庭优于晚近移入者"。

犹太领导人甚至会抱有某种幻想：对于获得特权的最优秀的犹太人来说，纳粹会不会采取其他的特殊处理办法？是不是可以对他们暂缓施行死刑？他们希望得到纳粹认可的优秀人群，同时也能够得到网开一面的特殊处理。

在这如此巨大的灾难面前，这些犹太领导人摒弃尊严，纷纷与纳粹合作，只希望从中获得"例外的处理"。于是，整个犹太社会的道德伦理便由此崩溃。

但实际上，"纳粹本身从不把这些差别当回事。在他们眼里，犹太人就是犹太人"[1]，最后都要将他们统统解决掉。

对恶的不制止，就是对恶的纵容

阿伦特进一步挖掘指出："每个要求获得'例外'的人，也就等于间接承认了这个等级原则"[2]，而这些申请"特殊情况"的犹太人，无形中就成为了纳粹的共犯。他们之所以无意识地沦为"根本恶"的合谋者，原因正是其自身的"不思考"所致。这正是"平庸的恶"的体现。

因此，阿伦特认为，犹太领导人要对犹太人共同体的灭绝承担着部分责任。正是犹太领导人这种面对纳粹作恶的"不制止、不反抗"，使恶行变得更加肆无忌惮。

---

[1] ［美］汉娜·阿伦特.艾希曼在耶路撒冷：一份关于平庸的恶的报告［M］.安尼，译.南京：译林出版社，2017：139.
[2] 同上.

这样的观点一经发表，便引起了犹太社会的不满。犹太人认为，阿伦特的理论伤害了他们的民族感情，他们或许会以这样的口吻质问："你阿伦特本身就是犹太人，现在犹太人遭受如此大的灾难，你怎么还能站出来指责犹太人自身呢？你难道不热爱自己的同胞吗？"

阿伦特说：我这一生中从来没有爱过任何一个民族、任何一个集体——不爱德意志，不爱法兰西，不爱美利坚，不爱工人阶级，不爱这一切。我"只"爱我的朋友，我所知道、所信仰的唯一一种爱，就是爱人。

阿伦特并非以一种抽象的族群的角度，而是站在一个知识分子该有的立场，对事件真相予以深刻的批判和反思。哪怕她自身就是犹太人，哪怕犹太人承受了巨大的灾难，她也没有因此回避犹太人自身在这一历史事件中存在的问题。

"平庸的恶"思考的现实意义

阿伦特对"平庸的恶"的思考，对我们当下的生活也有着非常强的现实意义。

如果每个人都缺乏独立思考力，都对"恶"采取无视的态度，那么整个现代社会也必然会引发更大的灾难。

生活中的我们当然要防止恶行，不去作恶。但更重要的是，当恶行就在自己身旁发生时，我们决不能冷眼旁观，不能"事不关己，高高挂起"，不能因为缺乏思考力而成为恶的同行者。要知道，对恶的无视就是对恶的纵容。"雪崩时,没有一片雪花是无辜的",说的就是这个道理。

这就是阿伦特给我们的启示:要保持独立的思考力,要对善与恶有基本的分辨力,要学会判断是非、扬善除恶。对每一个微小的个体来说,思想本身就是一种武器。

总体来说,从"根本恶"到"平庸的恶",是阿伦特对恶的视角转换的体现。但归根结底,这两种恶都是极权主义统治造成的政治之恶。

虽然阿伦特已经逝世很多年,但她的理论仍然会给我们一种"启明",就如一道微光,无时无刻不在照亮着你,也照亮着我。

小结：
正义与邪恶

本篇章我们介绍了罗尔斯关于"正义"的理论以及汉娜·阿伦特关于"恶"的理论。

罗尔斯

关于罗尔斯的"正义论"，我们从他的三大模块进行分析。

什么是正义	正义二原则	论证
作为公平的正义	最大的平等自由原则 差别原则 公平的机会平等原则	契约论式的论证 反思平衡 无知之幕 互不关心理性 最大最小值规则

●○● **罗尔斯哲学：三大模块**

什么是正义

罗尔斯在批判功利主义正义观,即功利主义的"最大幸福原则"时,忽略了对人与人之间的平等权利的考察,这种方式恰恰是在不公正裁定方式的体现的基础上,提出了"作为公平的正义"的观点,即"正义即公平"。

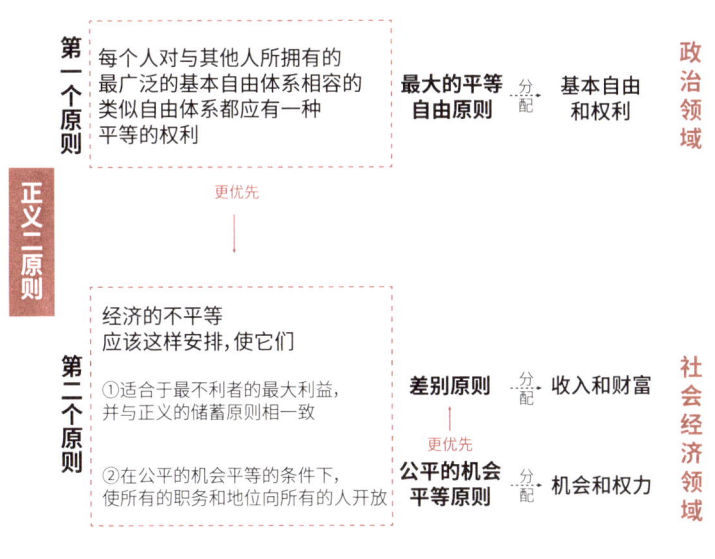

●○● 正义二原则

正义二原则

如何保障每个人都以公平的方式被加以对待?这要从分配制度上加以保障。针对"基本善"出现的两种情况:可以平等分配的基本善以及不能平等分配的基本善,罗尔斯提出了正义二原则加以解决。

第一个原则,即"最大的平等自由原则"涉及政治领域的"基本善"的分配;第二个原则分为了两个部分,"差别原则"和"公平的机会平等原则"。

在人们执行了这样的正义二原则后,便能实现分配制度上的公平公正,从而达到社会正义的效果。

对正义二原则的论证

罗尔斯采取契约论式的论证方法。让所有人在不知道何谓正义的情况下,进行选择。他提出运用"反思的平衡"的方法设置出一套公正的程序,当人们站在"无知之幕"背后,在"互不关心理性"的情境下,运用"最大最小值"规则,最后就选择了如此这般的正义二原则。

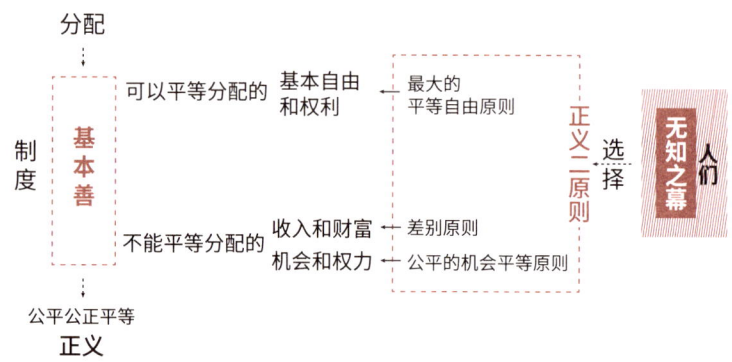

●○● **正义论的整体思路**

汉娜·阿伦特

汉娜·阿伦特关于"邪恶"的理论,分为两大部分。

●● 汉娜·阿伦特:关于两种恶的理论

根本恶

关于"根本恶"或"极端的恶",我们从三个角度予以梳理。

第一是极权主义的实质与基本原则。20世纪的极权主义,要实现的是对人与世界的全面颠覆与摧毁,其统治的基本原则是意识形态和恐怖布署。极权主义实质上是以"反国家"的恐怖形式取代国家,使人与人组成的社会和一切社会关系的总体结构彻底崩溃。

第二是极权主义的统治对象。为什么是犹太人被选为大屠杀的对象?这有两方面原因,一方面是犹太人分化为了一批有钱但无权的群体,另一方面源于犹太人在政治上的无知。而这背后的深层问题便是"欧洲政治文明与制度的崩溃",涉及"暴民与资本的联盟"以及"大众孤独的心理"等细化问题。

第三是极权主义者如何统治的问题。这涉及纳粹分子在集中营

与灭绝营犯下的"根本恶"的问题,他们通过三个步骤——取消人的法律人格、摧毁人的道德人格、消灭人的差异化和独特性——从而彻底消解人之为人的特性。

平庸的恶

"平庸的恶"具有着双重指向。

一个是指艾希曼犯下的"平庸的恶"。"平庸的恶"不是指恶不凶残,而是指再凶残的恶也是空洞的。像艾希曼这样的普通人,因为缺乏独立思想的能力,也会犯下滔天大罪。因"不思想"造成的灾难远远大于作恶本身。

另一个是指犹太领导人自身的"不思考"——对"恶"的不制止、不反抗,便是对"恶"的纵容。犹太领导人要为犹太共同体的灭绝,承担着部分责任。

●● "平庸的恶"的双重指向

对现代社会来说,"平庸的恶"的提出具有很强的现实意义。生活中,当恶行就发生在我们身旁时,我们更要敢于同恶势力作斗争。不要因缺乏思考力而沦为恶的合谋者。

第五篇章

科学哲学

19世纪以来,"对科学进行哲学化的反思"成为一部分哲学家探讨的新议题。从逻辑实证主义、证伪主义到历史主义,科学哲学的声音日渐强烈,科学哲学也逐渐独立为哲学的一个分支学科。

什么是科学哲学?科学哲学研究的是什么?

科学哲学,是哲学思维在科学领域的具体应用。它是以科学作为研究对象,通过对科学进行哲学反思而形成的理论体系。

我们可结合"科学"的概念来理解"科学哲学"。

"科学"的研究对象是世界上具体的事物,它探究的是具体的科学理论——"是什么"的问题;但"科学哲学"的研究对象不是世界上具体的事物,而是"科学"本身,它探究的是科学理论"怎么样"的问题,即科学理论何以被建构的普遍性和可能性的问题——什么样的知识和理论可以称为科学理论?一个知识和命题需要满足什么条件,才可以被视为科学理论?通过怎样的方法推导出来的知识才能被叫作科学知识?科学与非科学的划界标准是什么?科学知识的发展模式是什么?

关于科学哲学的具体流派,大体上可分为逻辑主义[①]和历史主义[②]。这一篇章,我们主要介绍三位科学哲学家:波普尔、库恩和费耶阿本德。

---

① 逻辑主义可分为逻辑实证主义(以归纳为主导方法)和证伪主义(以演绎为主导方法),证伪主义是对实证主义的批判。

② 历史主义拓宽思路,是对逻辑主义的批判。

第五篇章 —— 科学哲学

本篇章概览

哲学家

波普尔 | 库恩 | 费耶阿本德

本篇章流派

科学哲学

本篇章话题

⊙ 科学哲学的概念　　⊙ 科学的划界

⊙ 证伪主义　　　　　⊙ 历史主义

⊙ 科学发展的模式　　⊙ 向理性告别

01
波普尔：反归纳主义（上）
历史上的归纳问题

卡尔·波普尔（Karl Popper, 1902—1994年），出生于奥地利，犹太人。世界著名科学哲学家、政治哲学家。其最著名的理论为对归纳法的批判，提出"可证伪性"的科学划界标准。在政治上，他拥护民主和自由主义，提出一系列社会批判法则，为"开放社会"奠定理论根基。

1994年，科学哲学家卡尔·波普尔走到了生命的尽头。在九十二年的生命历程中，波普尔为人类的科学哲学和政治哲学事业做出了伟大而突出的贡献。

他的科学哲学曾影响一大批科学家，其中不乏诺贝尔奖得主；他的政治哲学研究成果亦为他赢得了世界性的声誉。他被英国首相撒切尔夫人尊为导师，被《纽约时报》誉为"民主的捍卫者"。

波普尔拒绝进行矫揉造作的晦涩阐述,他的理论非常讲究逻辑上的清晰与简洁。接下来,我们将重点介绍波普尔的科学哲学,将涉及认识论和方法论的内容。

切入点:解决"科学的划界"问题

通俗理解,"科学的划界"问题是关于"科学知识和非科学知识的分界点"的问题,它探讨以下几个问题:如何判断一个理论是科学知识还是非科学知识?一个理论要成为科学知识所具备的条件和可能性是什么?得出科学知识的方法是什么?

波普尔正是以解决"科学的划界"问题为切入点,展开了科学哲学的研究。

波普尔向传统的归纳法[①]发起挑战,提出一套关于科学划界标准的方法,从而解决"知识成为科学知识的条件与可能性"的问题。

接下来,我们将先回顾哲学史上归纳主义的发展历程及其存在的问题,进而探究波普尔对其所提出的批判和解决办法。

归纳法:观察—理论—证实

17 世纪的英国经验论哲学家培根,可谓归纳法的创始人。

---
① 在传统哲学中,归纳主义的方法是一种界定科学知识的方法。

所谓归纳法，就是从无数多个别的单称命题推导出一个具有一般性的全称命题的方法。通俗来说，它是一种研究者从大量事实和经验出发，探寻其共性与本质特征的方法。比如，一个人看到第1只天鹅是白色的，第2只天鹅是白色的……以此类推，一直到他看到的第 N 只、第 N+1 只天鹅都是白色的。基于这些经验事实，这个人便推导出一个结论：天鹅是白色的。

19 世纪英国哲学家约翰·密尔曾对归纳法做出进一步的发展。20 世纪以后，逻辑实证主义将归纳法视为科学知识的基础。由此，归纳法作为科学研究的方法，被人们普遍接受。

归纳法遵循的模式是：观察—理论—证实。

研究者通过大量观察与实验推导出一个结论，而后经由事实经验再去证实它。如果这个路径能走得通，则说明其得出的知识就是科学知识。

从归纳主义的角度来说，科学知识是基于经验观察，之后进行归纳而得出的知识，世上没有凭空而来的科学知识。一个知识是否是科学知识，就在于它能否得到经验证据的支持。如果能用经验来证实它，它就是科学知识。

波普尔对归纳法的质疑

这时，波普尔以非常激烈的态度提出质疑：

从无数多的经验事实（单称命题），推导出一个具有普遍必然性的知识（全称命题）的依据是什么？

无数多的观察陈述和一个具有必然性的普遍陈述之间的逻辑关系是怎样建构的?

从"多"到"一"的这一跃,是如何实现的?

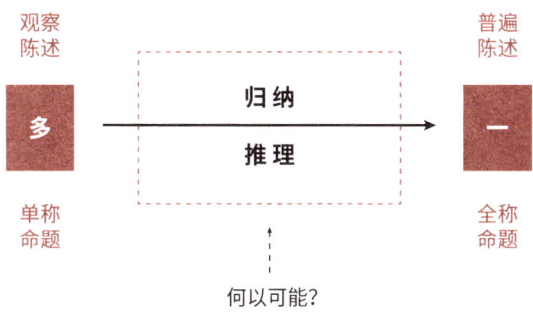

●○● **归纳问题的要害**

02
波普尔：反归纳主义（下）
有限不能证明无限，
过去不能证明未来

从哲学史来说，波普尔并不是第一个质疑归纳问题的哲学家。西方先哲，如休谟、康德、莱欣巴赫与卡尔纳普等哲学家都对归纳问题做出过各自的解释。那么，他们提出了怎样的质疑，波普尔又是如何看待先哲的解释，从而提出自己的解决方案的？

休谟：对归纳法的质疑

在哲学史上，休谟最早对归纳问题提出质疑。波普尔将休谟的解释归为"逻辑学的解释"和"心理学的解释"两个层面。

休谟的逻辑学解释

在逻辑层面，休谟提出这样的质疑：为什么可以从单称陈述推导出全称陈述？为什么从"看到的所有的天鹅是白色"这一观察陈述，就能推导出"天鹅是白色的"这一普遍陈述？从前者推导出后者，其逻辑是什么？

在休谟看来，"从大量经验事实推导出具有普遍必然性的知识"的逻辑并不成立。也就是说，归纳法在逻辑上是无效的。

就这一点来说，波普尔完全同意休谟的观点。

波普尔也是这样质疑归纳法的，他给出的理由是：有限不能证明无限，过去不能证明未来。

从经验角度来说，尽管人们可以不断增加经验事实的数量，但经验事实总归是有限的，人们不可能把所有的经验事实都穷尽。比如，一个人能把天下所有的天鹅都审阅一遍后，再去判断其颜色吗？不可能的。一个人无论能看到多少只天鹅，其经验也总是有限的。而通过有限的、个别的经验怎么能推导出一个具有无限的、普遍必然性的结论呢？这就意味着"有限不能证明无限"。

同理，"过去也不能证明未来"。一个人在过去无数次看到太阳东升西落，就一定能推出这个人在未来的日子里看到的都是太阳东升西落吗？不能的。

这就是归纳主义的问题所在，休谟提出了自己质疑，波普尔对休谟的逻辑学解释予以认同。

休谟的心理学解释

但为什么人们还是相信归纳法的有效性呢？

休谟给出了一个心理学意义上的解释，他将归纳逻辑的原理归结为心理层面的习惯性联想。因为重复性习惯使人们相信，过去发生的事情在未来也会发生。过去人们总是看到天鹅是白色的，由于习惯使然，人们会相信未来看到的天鹅也是白色的。

从某种意义上说，这种解释有一种对归纳问题的辩护意味。这也使得休谟就这个问题在两个层面的解释中陷入自相矛盾：归纳法在逻辑层面不成立，但在心理学层面又貌似能找到一个可行的理由。

波普尔对休谟的心理学解释并不认同，他认为不能将归纳逻辑归为人的习惯性联想。因此，波普尔对这一层面的解释持批判态度。

康德：诉诸"先验性"的解释

面对归纳问题，即如何从"个别的经验"推导出"具有普遍性的知识"，如何从"多"推导出"一"，"多"和"一"之间的逻辑关系是如何被建构起来的，康德借助"先验"的概念试图对其加以解决。

在《纯粹理性批判》中，康德提出"先天综合判断"，即既具有普遍必然性，又具有经验的新内容的判断这一关键概念。那么，这个判断是如何具有普遍必然性的呢？康德其实是承认了某种真理性的、无须进一步修正的理论，即"先验性理论"的存在，并且他将"先验性"和"普遍必然性"等同起来。

他并没有直接论证从"多"到"一"的逻辑推理如何实现，而是通过"哥白尼式的革命"，把"多"和"一"之间的位置做了转换。他直接站在"一"的角度，认为"一"，即先天的认识形式——感性的先验形式"时间和空间"、知性的先验形式"范畴"等，其自身具有的先验性，就已经使其具有了某种普遍必然性。

于是，本应该论证如何从"多"推导出"一"的问题（因为对这个问题的解决，才是切中归纳问题的要害），被康德转化为了论证"多"（经验杂多）如何符合"一"（先天的认识形式）的问题。康德以这种方式解决"多"和"一"之间的逻辑关系的建构问题。

但是，我们需仔细思考一下，康德真的解决了归纳问题吗？或者说他从正面解决了归纳问题吗？

波普尔抓住了这一点，他认为康德并没有正面解决归纳问题。康德恰恰是通过绕开"归纳问题的困境"——不去论证怎么从"多"推出"一"，而是站在"一"的角度出发去论证"多"符合"一"的过程，从而给出知识具有普遍必然性的合理解释。可见，康德其实是将归纳逻辑——从"多"推出"一"的原理看作一种先验的、不证自明的推理逻辑。

因此，波普尔认为康德的解释是有缺陷的，其解决方案也并不成功。

逻辑实证主义：概率逻辑

逻辑实证主义的代表人物莱欣巴赫以及卡尔纳普，对归纳问题提出了自己的看法。

面对休谟问题的挑战——归纳推理无法从个别的经验事实推导出具有普遍必然性的知识，逻辑实证主义者首先承认了这一点。但他们紧接着提出，归纳推理可以从经验事实中推导出"或然性的知识"，即有可能是真的、正确的知识，且经验观察的事实数量越大，推出这个知识为真的可能性就越大。

这就是概率推理的逻辑。

我们再回到那个天鹅的例子。一个人从"第 1 次到第 N 次看到的天鹅都是白色的",因而推出了"第 N+1 次看到的天鹅应该也是白色的"的结论。且随着观察的次数增多,判定天鹅是白色的可能性就越大。

逻辑实证主义者正是从"概率"的角度进行解读,为归纳问题做了辩护。

但波普尔又跳出来说:概率推理仍然不能解决归纳问题。他认为,归纳法既不能获得必然知识,也不能获得或然知识。即便承认得出的结论是或然的,但其最终仍然会导致无穷倒退或先验论。他反驳的理由还是那句话:有限不能证明无限,过去不能证明未来。

● ● 对归纳问题的质疑

总体来说，从休谟的心理学的解释到康德诉诸"先验性"的解释，再到莱辛巴赫与卡尔纳普从概率推理角度对归纳问题所做的辩护，波普尔对先哲们在归纳问题上的解释和解决方案统统持批判态度。

波普尔甚至略带极端地认为，在科学方法中要排除归纳法，并将归纳法逐出科学领域。

03
波普尔：
理论先于观察｜
猜想—反驳｜可证伪性

既然不能通过归纳法获得科学知识，那波普尔又提出了什么解决办法呢？一个知识要成为科学知识的条件又是什么呢？

波普尔首先提出了一个令人震惊的观点——"理论先于观察"。

理论先于观察

从我们常识理解看，"理论"和"观察"的关系应该是"先经过观察，再得出理论"。这也是归纳法运用的逻辑，但波普尔并不这么认为。

在他看来，没有纯粹的观察，没有不掺杂理论承认的观察，"观察总是依据理论的观察"①，观察总是在一定的理论指导下进行的。

---

① ［英］卡尔·波普尔.科学发现的逻辑［M］.查汝强，邱仁宗，译.北京：科学出版社，1986：69.

"不是先有观察后有理论,而是先有理论,后有观察。"①

也就是说,人们的观察不是随意的、漫无目的的观察,而总是带有某种理论预设的观察。由于每个人的理论立场、兴趣点、出发点和角度不同,其观察的结果也会有所不同。"横看成岭侧成峰,远近高低各不同",说的正是这个道理。

波普尔通过类比,形象地表达出"理论"与"观察"的关系。在他看来,"观察不是随机摄影,而更多地像是一个有选择的作画的过程"②。"随机摄影"意味着我们拿着照相机毫无目的地随便拍拍,而"有选择的作画过程"则讲究的是构图、颜色搭配以及画面的层次感,而这些正是以理论为基础的呈现。因此波普尔认为,观察是在某种理论、观点的预设和指导下进行的。

既然"理论先于观察",那么理论从何而来?波普尔其实是一个先验论者,他说:"如果追溯到越来越原始的理论和神话,我们最后将找到无意识的、天生的期望。"③也就是说,波普尔将理论的来源追溯于人的某种先天性的知识,如天生的本能与期许等。正是由于这种天生的能力,使人具有探寻世间万物本质的倾向。

理论是一种"猜想"或"尝试性的假设"

正是基于"理论先于观察"的理论,波普尔认为"科学知识始

---
① 马抗美,胡明,常绍舜,等.现代西方哲学评介[M].北京:中国政法大学出版社,2003:98.
② 马抗美,胡明,常绍舜,等.现代西方哲学评介[M].北京:中国政法大学出版社,2003:99.
③ [英]卡尔·波普尔.猜想与反驳[M].傅季重,纪树立,周昌忠,等译.上海:上海译文出版社,1986:67.

于观察"① 的观点已经过时。那么,科学的理论是如何产生的?

波普尔提出:"我们必须把所有的规律或理论看作假设的或猜想的。"②

如前文所述,正是人具有的某种无意识的、天生的期望,使其在面对现实世界的各种问题时提出了大胆猜测。在波普尔看来,一切知识与规律不过就是人进行的"尝试性的假设",它有可能是正确的,也有可能是错误的。

那么,这些猜测出来的理论何以成为科学知识,或者说怎样才能判断出这些猜想的理论是科学知识还是非科学知识?波普尔认为,要靠经验加以验证和检验。由此便会出现两种验证方式:正面的角度,用经验去证实它;反面的角度,用经验去证伪它。

波普尔选择了后者。

证伪主义

波普尔认为,科学理论不可能被经验证实,只能被证伪。换言之,一个理论之所以被视为科学理论的条件正是其具有的"可证伪性"。

通俗理解,假如某人大胆猜想出了一个理论 A,另一个人就要想尽一切办法(无论从经验层面还是逻辑层面)对其进行反驳,找到其中的错误与毛病。如果 A 理论具有"可被挑出毛病的可能性",

---

① 这里的科学指经验科学。
② [英]卡尔·波普尔. 客观知识[M]. 舒炜光,卓如飞,周柏乔,等译. 上海:上海译文出版社,1987:10.

则说明它具有"可证伪性",那么 A 理论属于科学的范围。反之,如果 A 理论不具备"可证伪性",则说明它在非科学的领域。

这就是波普尔提出的"证伪主义"的理论。他将"可证伪性"视为科学知识的划界标准:具有"可证伪性"的理论就在科学知识的范畴,不具备"可证伪性"的理论就在非科学的领域。

非科学的理论

按照波普尔的划分标准,有以下几类理论属于不可被证伪的非科学的理论:

一是逻辑上列举了全部可能性的陈述。比如,"明天是晴天或不是晴天"这句话把所有的可能性都穷尽了,其在逻辑上永远为真。那么,这样的陈述就不可被证伪。

二是重言式的陈述。比如,"单身汉是没有结婚的男人",这样的陈述就属于同义反复,因而无法被证伪。

三是数学。在波普尔看来,数学其实也是重言式的命题,也不可被证伪。

四是形而上学。形而上学的内容既不是经验层面的,也不是逻辑层面的。从逻辑上既不能说形而上学永远为真,也无法从经验上对形而上学加以证伪。

五是伪科学。比如,占星术、算卦等不可被证伪。

六是宗教与神话,也不可被证伪。

以上理论因不可被证伪,而被归为非科学的领域。在波普尔看来，作为科学命题必须要具有"可证伪性"。

科学理论必须具有"可证伪性"

你也许会产生一个疑问：既然科学理论都具有"可证伪性"，即这个科学理论是可以被反驳的，这不正恰恰证明这个理论是错误与失败的吗？你之所以会产生这样的想法，是受到了逻辑实证主义的影响。因为这恰恰是归纳主义可证实原则下的判断标准——可用经验来证实理论，理论就是科学的的体现。

而波普尔批判的正是这种方式：不能从可证实的角度，而是要从可证伪的角度判断它是否是科学知识。只有理论具有了可被反驳的可能，即可证伪性时，才说明理论本身是成功的，且一个理论具有了可证伪性，并不会影响这个理论成为科学知识。

04 波普尔：科学意味着真理吗

在理解了"证伪主义"之后，我们从"科学发展的模式"以及"科学命题的可证伪度"的问题两个角度，去探究波普尔的真理观。

科学发展的模式

波普尔科学发展的模式的总体概况如下：

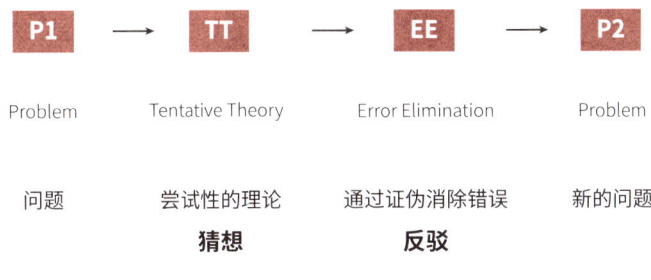

● ● 波普尔：科学发展的模式

基于证伪原则，科学研究的过程变为了一个从猜想到反驳与证伪，然后再提出新的猜想，再进行反驳与证伪的动态过程。波普尔将科学的发展模式流程总结如下：

> P1（问题）→ TT（尝试性的解决—猜想）→ EE（通过证伪消除错误—反驳）→ P2（新的问题）
>
> 【注】P：Problem； TT：Tentative Theory； EE：Error Elimination

①提出问题。在波普尔看来，科学研究并非始于观察，而是以某一个问题为切入点。

②尝试性的解决（猜想）。对提出的问题进行大胆猜想和猜测，尝试性地给出一个假说。

③通过证伪消除错误（反驳）。即通过证伪的方法来检验这一假说，找出哪些情况不符合这一理论，对其进行反驳，然后再纠正错误、消除误解。

④产生新的问题。对新的问题再进行猜想、反驳……

这四个步骤也被波普尔称为"科学方法的四个图式"，其中第二步（猜想）和第三步（反驳）最为关键。

可见，科学知识的增长正是通过不断"猜想—反驳，再猜想—再反驳"[①]的过程而得以实现。因此，科学的研究过程会一直持续下去，永无止境。

---

① "猜想—反驳"的方法就是"证伪主义"的方法。

科学只能逼近真理，而不能成为真理

波普尔提出的"科学的发展模式"，改变了人们传统意义的科学观。

传统科学观认为，科学的探索过程就是"分析问题—解决问题—得出结论—用经验去证实"的过程。经由科学研究得出的结论是确定的、静态的陈述知识，因而科学知识意味着真理，科学系统也意味着具有某种绝对确定性的系统。

但波普尔的"科学的发展模式"告诉我们，科学系统并不是由一些既成的理论集合在一起而形成的静态、确定不变的理论体系。科学研究永远处在一个动态的过程中，科学理论体系是一个持续发展的动态系统，即"提出问题—猜想反驳修正—再提出新的问题—再猜想反驳修正……"，它一直朝着某个终极状态前进。

用一个类比来说，科学探究并不是一趟从 A 到 B 的冲刺跑，而是从 A 到 B 再到 C，再到 D、E、F……的接力跑。接力棒要一直传递下去，因而科学研究也是永无止境的。

基于波普尔"科学发展的模式"，原先古老的信条"科学意味着真理"就被颠覆了。科学陈述永远都是试探性的而非决定性的理论，不存在某种一劳永逸的观点，再"成功"的理论也不过是人们短暂的猜想和假说，总归有一天会被证伪。

在波普尔看来，不能将科学视为确定的绝对真理，他更加看重追求真理的过程。

也就是说，科学研究虽以追求真理为目的，但我们永远也无法

触达真理的彼岸。科学研究永远处于"在路上"的状态,科学只能接近真理、逼近真理,但无法成为真理。

可证伪度与可检验度

在具有可证伪性的理论中,如何区分不同理论的优劣?这就涉及可证伪度(可检验度)的问题。

一些理论更容易被证伪,因而可证伪度就高;一些理论不容易被证伪,可证伪度就相对较低。但哪些理论更容易证伪,哪些理论难以证伪呢?

在波普尔看来,命题所包含的信息量越少,便越难以被证伪。反之,命题的信息量越大,就越容易被证伪。比如,下面两个都是具有可证伪性的命题:

①东北将会下雪
②东北的哈尔滨将会在明天中午12点下雪

相比而言,命题②比命题①更容易被证伪,因为命题②包含的信息量比命题①大。命题①只陈述了"东北将会下雪"这一事实,而命题②则精确到具体地点及时间,其可证伪的难度相较于命题①就低了很多。

对于科学来说,科学探索的过程就是不断提升理论的可证伪度和可检验度的过程。理论的可证伪度(可检验度)越高,则说明理论越精确、越丰满，理论的逼真度越高。那么，这样的理论就越接近真理。

波普尔理论的意义

波普尔推翻了科学家固有的观念①，为科学家对待科学的态度提供了另一种可能性：进行科学探索，就要敢于犯错误，更要大胆冒险去尝试假设，并对以往的理论进行批判和证伪。科学家要有敢于批判的精神，不仅敢于批判自己也要敢于批判权威。这才是科学家从事科学研究需具备的科学精神。

波普尔的理论对西方科学界，特别是对自然科学界产生了巨大影响，很多科学家都曾受到他的理论的启发。

对于普通大众而言，波普尔的理论也十分具有启发性。他给我们提供了另外一种看待科学的可能性的视角，甚至会改变我们对待科学以及科学研究的固有认知。

很多人唯科学至上，以为科学就是绝对真理，是万能药，继而盲目信奉科学，甚至迷信科学。这样的方式其实是不可取的。我们要以一种批判的态度去对待所谓的科学知识，不要将科学神话，也不要过度迷信科学。

---

① 科学家的固有理念认为，科学的任务就是论证理论之正确，最终提供权威性的解释即可，而不是检验理论的错误。任何一个科学家都不愿承认自己发表的理论可被证伪，因为如果这样，他们会认为自己的一生精力都耗在了站不住脚的理论上。

05
库恩：范式

托马斯·塞缪尔·库恩（Thomas Samnnual Kuhn，1922—1996年），美国物理学家、科学史学家和科学哲学家，提出了著名的"范式理论"。

库恩于1922年出生于美国辛辛那提，1943年毕业于哈佛大学物理系，随后于1949年获得哲学博士学位。他先后任教于哈佛大学、伯克利大学加州分校、普林斯顿大学，1968年到1970年担任美国科学史学会会长，而后在麻省理工学院担任哲学和科学史教授。库恩的重要著作有《科学革命的结构》《必要的张力》等。

库恩的最大贡献在于他开创了科学哲学的一个新流派——历史主义。后续人物如拉卡托斯、费耶阿本德等，都是历史主义科学哲学家的代表。

历史主义的视角

如何理解科学哲学中的历史主义？它与以往科学哲学的视角有什么不同？

总体来说，逻辑实证主义和证伪主义都属于逻辑主义的大范畴。它们都是从纯理性、纯逻辑的角度进行研究——将科学看成各种命题、定律以及理论的逻辑集合。

在理论的范畴内研究科学理论本身何以可能的问题。它们都承认理论要接受来自经验的检验，只不过一个提倡"经验证实原则"，另一个提倡"经验证伪原则"[①]。虽然波普尔的视角已经有所改变，他从科学命题系统的静态逻辑分析转向了对科学发展模式的动态研究，但其依然是就科学理论本身进行的探究。

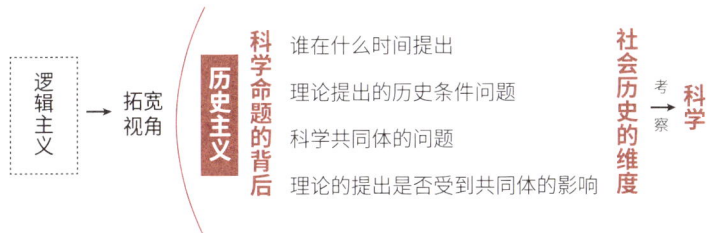

●● 历史主义的视角

---

① 无论是证实原则还是证伪原则，两者都在理性的逻辑范畴内。

而库恩则不同,他不再局限于科学理论本身如何,不再将科学的发展仅仅看成纯粹逻辑或纯粹理性范围内的事情,而是拓展到对社会历史要素的考察层面。任何科学理论的提出都与当时的历史条件相关,于是他要探究的是:这些社会历史的要素是什么?它们对科学理论的发展何以产生影响?

这便是历史主义的探究方式:将科学哲学研究与社会历史的研究结合起来,从科学发展史的角度揭示科学发展的真实过程。

正是基于历史主义,库恩提出了最著名的"范式"理论。

"范式"理论

"范式"是库恩科学哲学中最为核心的概念。

在他看来,"范式"一词,无论是实际上还是逻辑上,都很接近于科学共同体这个词。"一个范式就是一个科学共同体的成员所共有的东西,而反过来,一个科学共同体由共有一个范式的人组成。"①

要把"范式"这个词弄清楚,我们首先必须认识科学共同体的独立存在。

---

① [美]托马斯·库恩. 科学革命的结构[M]. 金吾伦,胡新和,译. 北京:北京大学出版社,2003:158.

科学共同体

通俗理解,科学共同体是指在科学领域各个科学家形成的团体[①]。

用库恩的话来说,"一个科学共同体由同一个学科专业领域中的工作者组成。在一种绝大多数其他领域无法比拟的程度上,他们都经受过近似的教育和专业训练;在这个过程中,他们都钻研过同样的技术文献,并从中获取许多同样的教益"。[②]

也就是说,科学共同体成员对如何从事自己专业的研究都有着普遍一致的看法,它们都秉持着共同的理论和信念。

那么,科学共同体成员所秉持的共同的理论和信念到底是什么呢?库恩称之为"范式"。

范式

在《科学革命的结构》中,库恩对"范式"做出了多种解释,可概括为:"范式"是"科学共同体所共有的'传统';科学共同体所共有的'模型或模式';科学共同体把握世界的共同理论框架;科学共同体共有的理论和方法上的信念"[③]等。通俗理解,"范式"就是在科学发展的某一时期内形成的,并被某一科学界公认的并指导科学家思想的观念、规律、模式或框架。

比如,早期天文学家共同体的范式就是托勒密的"地心说",

[①] 科学共同体未必一定是有形的组织,也可以是无形的学派。
[②] [英]托马斯·库恩.科学革命的结构[M].金吾伦,胡新和,译.北京:北京大学出版社,2003:159.
[③] 郑毓信.科学哲学十讲[M].南京:译林出版社,2013:95-96.

他们围绕"地心说"模式展开自己的理论探究。而哥白尼以后的天文学家,其范式就转变为了哥白尼的"日心说"。"日心说"提供了一种全新的思考模式和视角,为后续的天文学发展确定了新方向。

我们会发现,范式的转变已经不仅仅是个别概念的改变,而是世界观的变化。因此,范式也是关于世界整体的图式,即世界观的描述。科学家遵循什么样的范式,就会产生什么样的世界观。

如果我们做一下延伸会发现,任何领域都可以讲范式。我们现在经常能听到技术变革或产业转型,如,互联网行业从 PC 端到移动端的转型,媒体行业如何从传统媒体向新媒体的转型等,其变革的实质都可用范式的转变予以解释。

库恩在科学领域提出"范式"这一概念后,便在西方世界引发了热烈的讨论。

科学的划界标准

库恩将"范式"作为科学划界的标准:一个理论体系如果其自身有"范式",那么它是在科学范围内的理论;如果其没有"范式",它就属于非科学的知识。

06
库恩：科学发展的动态模式

"范式"概念的提出，正是库恩拓宽科学新视角的体现。基于这样的新角度，库恩在看待科学发展的模式问题上，是否也有创新之处呢？

以往理论：科学发展的模式

逻辑实证主义的指导原则是归纳主义的"可证实性原则"，只要被经验证实的命题就会被列入科学的范围。因而科学知识的量就会不断增长，随之而来的便是科学系统的日益壮大以及科学事业的蓬勃发展。也就是说，科学的发展意味着各种命题和知识的量的积累和扩展。

波普尔的证伪主义倡导的是"证伪原则"，知识在不断地被"猜想—反驳，再猜想—再反驳……"，即在不断被否定与修正的循环过程中得以完善。科学的发展就意味着科学知识可不断接近真理、逼近真理，科学的进步就体现在"走向真理"的过程中。

科学发展的动态模式

库恩将以上两种方式都予以否定——科学的发展既不是归纳主义者所认为的单纯的量的积累和扩展，也不是证伪主义者认为的对质的不断否定。

他认为，科学的发展是科学共同体活动的结果，它是一个否定与肯定、进化与革命交替的过程，其实质正是"范式"的不断更替和转换。

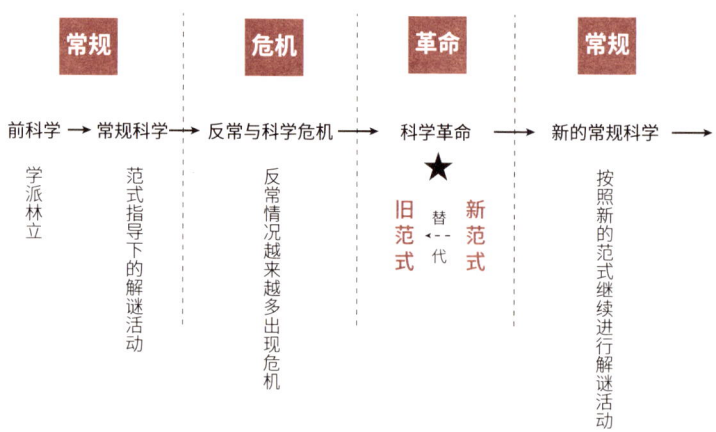

●○● **库恩：科学发展的动态模式**

如上图所示，在库恩看来，科学的发展模式是一个动态的循环

模式：前科学时期—常规科学时期—反常与科学危机时期—科学革命时期—新的常规科学时期……（一直持续下去）

前科学

任何一门学科在没有形成共同的范式前，即没有形成科学之前的阶段，都处于"前科学"时期。

在这一阶段，针对同一个领域的问题，人们可以各抒己见、畅所欲言，相互争论甚至相互排斥。"学派林立"是这一时期的特征。

常规科学

经过长时间的争论后，大家便逐渐形成统一的理论、方法、框架或模式，即"范式"。科学的发展便进入"常规科学时期"。

科学家开启在"范式指导下的解谜活动"——他们只需按部就班地利用现有范式，去解决科学研究中的各种问题即可，而不用思索着改变范式以及进行各种创造活动。如果科学家解决问题失败或者遇到一些反例的情况，他们也不会去怀疑范式，只会从自身能力中找原因。

在这一阶段，科学的发展看似平稳，实则缺乏创新性，科学家只能在既定的框架内进行研究。

反常与科学危机时期

随着常规科学的渐进式发展，反常现象越来越多。当反常现象数量积累到一定程度时，科学发展就进入"反常与科学危机时期"。

反常现象越发引起科学家的重视，并且使得科学家开始怀疑现

有的范式,并动摇对现有范式的信念。

科学革命时期

随着常规科学的危机以及现有范式的危机愈演愈烈,当旧范式不能解决问题时便会爆发范式的转换,科学发展进入"科学革命时期"。

所谓"科学革命"意味着——彻底抛弃旧范式,确立新范式。也就是说在这一阶段,新范式完全取代旧范式,占据主导地位,而非对旧范式某个方面做出"升级"的解释。

可见,新旧范式并不相容,两者处于根本对立的状态。这有点"有你没我,有我没你"的意味。

新的常规科学时期

当一个新的范式确立之后,科学发展便进入一个"新的常规科学时期",开始新的一轮循环,即常规—危机—革命—常规……

总体而言,库恩提出的"科学发展的动态模式"不是线性的或层层递进的模式,而是肯定与否定交替进行、进化与革命交替进行的动态过程。

范式:不可通约性

在"科学革命"时期,新旧范式的对立性正是其"不可通约性"的体现。"范式的不可通约性"是指两个相互对立的范式不可能同时为真,且两者也无法相互理解的特性。不同范式之间不存在孰优孰劣的问题，因而不同范式也无法进行比较。

比如，"地心说"和"日心说"这两种范式不能同时为真，且两派的科学家团体也无法做到互相理解。因此，两者并不具有可比性，每一派的科学家都会为自己的范式进行辩护。不能判断谁的范式更有优越性，也不存在一个可以进行比较的标准。所以新旧范式之争，有一点各说各话的感觉。

范式的转换

既然新旧范式不可通约，那么新的范式从何而来呢？新旧范式的转换又是如何发生的？

在库恩看来，新范式的产生并不是人们对以往客观现象的认识进行变革的结果，而是来自一种"神秘的灵感"。因为范式是科学共同体的共同信念，正是科学家的某种"想象的直觉"，使其在脑海中涌现出某个理念，从而形成新的范式。可以说，库恩对"新范式的产生"的解释带有某种非理性的神秘色彩。

新旧范式的转换有点类似宗教信仰的转变。科学家们通过宗教式的狂热宣传，使大家转换信念，从而抛弃旧范式选择新范式。

因为不同范式之间并没有好坏优劣的标准，就如下面这张鸭兔图所示，你把它看成鸭子也行，看成兔子也行。那么，范式的转变过程便是使人们从"相信它是一只兔子"转换成"相信它是一只鸭子"的过程。

我们发现，范式的更替并不是理性方式的更替，它并非靠实践

●○● 鸭兔图

的检验完成,而是以科学共同体成员的赞成与否为标准。如果共同体成员一致认可新范式,那么,新范式就可以替代旧范式。

库恩还认为,范式的转变是一代人的转变。新范式的胜利,意味着具有创新精神的一代科学家对保守的老一代科学家的取代。

基于这样的观点,科学的发展便呈现出一种随机演化的、具备各种可能性的散射状态①,而非一个从低级到高级、不断接近真理的线性样态。由此,库恩也就否定了波普尔所谓的科学发展是不断接近真理的观点。

可以说,库恩的理论带有某些想象的成分,也因此表现出非理性的色彩。但总体而言,库恩的非理性成分还在一定限度之内,真正将历史学派中的非理性色彩推向极端的是费耶阿本德。

---

① 因为新旧范式之间不存在谁优谁劣的可比性,新范式的确立只不过是人进行选择的结果。

07 费耶阿本德：
反对方法，怎么都行

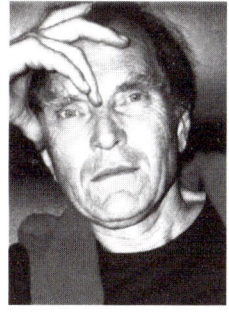

保罗·费耶阿本德（Paul Feyerabend，1924—1994年），科学哲学家，出生于奥地利，以他在美国加利福尼亚大学伯克利分校做教授的三十余年间（1958—1989年）的著作最广为人知。

1924年，费耶阿本德出生于奥地利的维也纳，1947年进入维也纳大学学习，1951年获得哲学博士学位。1952年他前往英国向维特根斯坦学习，而后在波普尔的指导下做博士后的研究。费耶阿本德的主要著作有《反对方法——无政府主义知识论纲要》《自由社会中的科学》以及《告别理性》等。

费耶阿本德可谓科学哲学史上一位公认的怪才。他的"怪"体现在他提出的理论与之前科学哲学的公认观点之间有着极大的冲突，他的科学哲学表现出了极端色彩，甚至最后走向"反科学"的境地；而他的"才"体现在他的这套带有冲击力的理论并非大放厥词，而是有着十分精辟的分析论证过程。

接下来，我们将从"反对方法"和"反对理性"这两个维度去介绍费耶阿本德的思想。

反对方法

之前哲学的各个流派虽观点各异，但在方法论层面他们共同认为：进行科学研究总有方法可循，总能找到获得科学知识的普遍方法论原则①。而费耶阿本德对以往所有理论派别予以极端的批判。基于他对科学史的研究，他提出了一种看待科学的全新可能性。

他认为，科学研究并没有统一的方法可寻，不存在单一的、独断的、不变的教条式的方法。他否认科学方法，也反对一切方法。

费耶阿本德说："只有一条原理，它在一切境况下和人类发展的一切阶段上都可加以维护。这条原理就是：怎么都行。"②

在他看来，科学家们"并不知道现今所存在的各种观点之中，哪一个可能通过非理性的捍卫而成为未来的理性。由于缺乏这样的保证，他们就不得不进行猜测，而这种猜测只能取决于个人的倾

---

① 比如，逻辑实证主义通过"归纳—证实"推导出科学知识；波普尔的证伪主义以演绎法为本质的"证伪原则"作为判断科学知识的标准；库恩从历史主义的角度看待科学，将"范式"视作方法论意义上的模型，以有无"范式"作为科学知识的划界标准。
② ［美］保罗·费耶阿本德．反对方法［M］．周昌中，译．上海，上海译文出版社，1992：6．

向……在任何情况下我们都应当允许这种倾向与理性相对立,因为科学可能因此而得益"。①

这意味着,人们在进行科学研究时,使用任何方法——理性的与非理性的方式,都是可行的策略。科学家不要被某种模式化的框架束缚,不用去遵循某种固定的、普遍的与规范的原则,只要能解决问题就可以。

科学:无政府主义的事业

费耶阿本德的主张是一种"无政府主义"的方法论。

他认为,科学事业应该是"无政府主义"的事业,科学研究应处于"放任自流"的状态——人们抛弃一切固有的僵化模式、传统与原则,抛弃整齐划一的方法规范科学研究,任何人都可以用任何方法以更加开放、创造和自由的态度大胆"搞科学"。

"没有混乱,就没有知识","不经常排除理性,就没有进步"②。在费耶阿本德看来,混乱、偏差和机会主义更能促进科学的繁荣。

一切方法论都有局限性

"怎么都行",看上去像一句哗众取宠的口号,甚至我们以常识

---

① 郑毓信. 科学哲学十讲[M]. 南京:译林出版社,2013:145-146.
② 赵敦华. 现代西方哲学新编[M]. 北京:北京大学出版社,2001:210.

理解也会产生质疑：搞科学研究，怎么能"怎么都行"呢？

费耶阿本德自己说："我的意思不是用一组一般法则来取代另一组一般法则。我的意图倒是让读者相信，一切方法论，甚至最明白不过的方法论都有其局限性。"①

人们往往会执着于某一种方法，认为"只有这样才行"，比如，当人们相信只有通过观察归纳才能得出结论时，就会陷入迷信规则的教条中。正是这种方法论的局限性，禁锢了人的思维而无法实现自我突破。

因此费耶阿本德提出，并不是"只有这样才行"，而是"怎么都行"。他反对任何一种方法论统治的独断性，他推翻传统的一切教条。

的确，费耶阿本德的理论非常新颖，且与西方传统科学哲学的思维背道而驰，因而表现出了极强的冲击力。其思想一经发表，便在西方学界引起轩然大波。

---

① ［美］保罗·费耶阿本德.自由社会中的科学［M］.兰征,译.上海：上海译文出版社，1990：158.

08
费耶阿本德：向理性告别

传统的科学哲学，无论是逻辑实证主义还是证伪主义都将科学看作理性指导下的事业，尽管库恩提出"范式的不可通约性"的问题已表现出非理性色彩，但总体而言，库恩的非理性主义还在一定限度之内。尤其到了后期，其理论中的非理性要素已经相对弱化。

而费耶阿本德则将非理性主义发挥到极致。

非理性的方式

传统观念认为"新范式对旧范式的取代"是一种理性的进步方式，新范式更加具有科学性与进步性。但费耶阿本德认为，新旧范式之间本身就不存在可以判断优劣的客观标准，不同范式之间具有"无公度性"[①]。新旧范式的转换并不是一种理性的转换，它与当时的社会条件、知识背景、群众的心理因素以及科学家的宣传手法、技

[①] 与库恩的"范式的不可通约性"所表达的观点基本一致。

巧等"非理性要素"相关。

也就是说，科学的进步并不完全是理性力量使然的结果，还有诸多非理性的方式也可作为科学进步的有力手段。

以"考察伽利略的这段科学史"为例。

传统观点认为，伽利略通过数学与实验的方法进行科学研究，他以理性的方式使哥白尼的学说获得胜利。但费耶阿本德对此做出另一种解读：伽利略恰恰不是以理性的方式，而是借助非理性的方式，如某种宣传技巧，使其在争论中占据上风，从而说服大众相信哥白尼的"日心说"。

我们这里不妨来详细分析一下。

当时，人们普遍相信"眼见为实"的观念，即只有通过肉眼观察到的事实才是可靠的，只有通过自己的感官获得的结果才是真实的。而人们反对"日心说"的一个原因是：人们无法通过观察感知火星和金星的亮度变化（因为如果行星围绕着太阳转，那么火星和金星在特定时期接近地球时，其亮度比平时大 40—60 倍），这就与"眼见为实"这个观念相冲突。因而人们判断行星不是围绕着太阳运行。

在费耶阿本德看来，伽利略要做的正是有效说服大家，改变大家的信念——不要仅仅相信自己感官呈现的内容[①]，更要相信通过科学仪器获得的观察结果才是可靠的。伽利略通过自制的望远镜观察到，火星和金星在特定时候确实比平常亮 40—60 倍。

但人们还是不相信望远镜观察到的东西，且当时也并没有完善

[①] 有时候人看到的未必是真实的，感官经验往往会导致错误的观察结果。

的关于望远镜的理论,那这时该怎么办呢?

在费耶阿本德看来,伽利略使用了一种说服技巧,从人们的常识入手引导人们相信他所倡导的理论,从而改变想法。比如,人们分别用肉眼和望远镜观察远处的一座山,比较一下哪种情况看到山上的树更为清晰?结果当然是通过望远镜看到的树更为清晰了。

伽利略正是以这样的方式来说服大众相信科学仪器观察到的事实。在费耶阿本德看来,从"地心说"到"日心说"的范式转换并不是理性的转换方式,而是带有非理性色彩的转换方式,它是科学家通过演说技巧而获得的胜利。

反科学霸权

基于这样的观点,我们发现,科学的权威不正是一群具有话语权的科学家,通过发表科学观点说服大众而被建构起来的吗?

在费耶阿本德看来,科学家"使用了由他们支配的一切方法——论证、宣传、施加压力战术、恐吓、游说——来达到他们的目的"。[1]

科学于大众而言被日益神圣化。普通大众其实离科学研究距离遥远,且没有能力接触到真正的科学研究。于是,科学家怎么说,普通大众就会怎么相信,最后大众逐渐丧失判断力。随着人们日益崇尚科学,最后就会导致人们的"唯科学主义"以及对科学的迷信化。

---

[1] 郑毓信.科学哲学十讲[M].南京:译林出版社,2013:147.

费耶阿本德说：

> 科学和神话在许多方面是交叠的，我们以为我们感知的那些差异性往往是些局部的现象。[1]
>
> 科学同神话的距离，比起科学哲学打算承认的来，要切近得多。科学是人已经发展起来的众多思想形态的一种，但并不一定是最好的一种。科学惹人注目，哗众取宠而又冒失无礼，只有那些已经决定支持某一种意识形态的人，或者那些已接受了科学但从未审察过科学的优越性和界限的人，才会认为科学天生是优越的。……科学是最新、最富有侵略性、最教条的宗教机构。[2]

我们已然感受到费耶阿本德的极端态度，他以极其富有冲击力的语言反对科学霸权和理性霸权。

向理性告别

对科学和科学方法的吹捧，最后会导致一个严重的后果：人们最终只会按照一套科学的模式和标准行事，人性中的多重可能性无疑会被无情抹杀。

---

[1] [美]保罗·费耶阿本德.反对方法[M].周昌中,译.上海,上海译文出版社,1992：256-257.
[2] [美]保罗·费耶阿本德.反对方法[M].周昌中,译.上海,上海译文出版社,1992：255.

因此，费耶阿本德倡导多元视角的平等主义和相对主义：没有方法，怎么都行。科学与非科学之间没有明确的标准和界限，也没有所谓的科学真理的存在。

向理性告别吧！不要再陷入对科学过度迷信的陷阱。科学可能是美景，也可能是深渊；科学可能是天使，也可能是魔鬼！

可以说，费耶阿本德的理论具有很强的偏激性和非理性特征。但是，他也确实给我们提供了另一种看待科学可能性的思维方式。

读到这里，你是否也会联想到哲学史上的尼采和福柯呢？尼采说"上帝死了"，福柯认为"现代社会就是一所大监狱"，而费耶阿本德将"科学视为了一个宗教机构"。他们都以非常极端的言论表达自己的观点和立场，以冲破一切传统和束缚。

或许，这就是哲学史吧。有建构，就有解构；有肯定，就有否定；有建设，就有破坏。各种多维度的视角，才会构成完整而立体的西方哲学。

小结：
科学哲学

本篇章，我们讨论了"什么是科学哲学"以及"科学哲学讨论什么"等问题。科学研究世界本身，而科学哲学是对科学本身的研究：科学知识何以可能？科学与非科学知识的划界标准是什么？科学的方法论是什么？

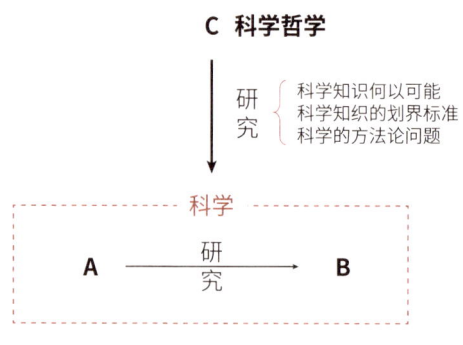

●●● **科学哲学讨论什么**

基于这些问题，我们介绍了逻辑主义和历史主义这两大流派。

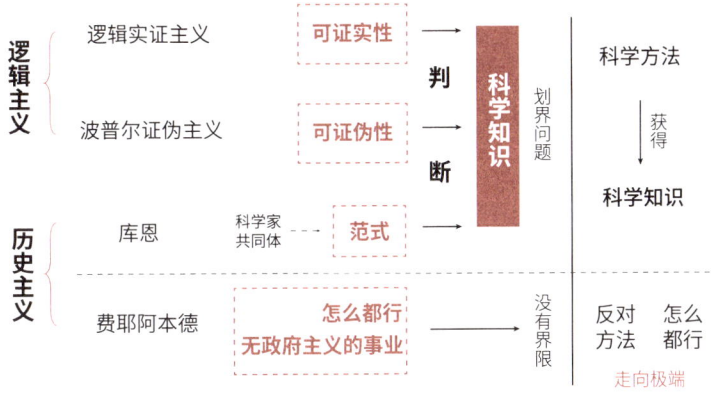

● ● 逻辑主义和历史主义概览

逻辑实证主义和证伪主义都属于逻辑主义的大范畴,它们都从逻辑推理的角度对"科学知识何以可能"以及"科学的划界问题"做出解释;而历史主义则将社会历史要素纳入科学哲学的研究范畴。

波普尔

对如何获得科学知识这一问题,逻辑实证主义通过经验归纳的方法得出一个具有普遍必然性的结论,只要这个结论可以被经验证实,就说明它是科学的理论。

波普尔则对归纳方法提出质疑。

归纳问题的要害在于,如何从观察陈述(单称命题)推导到普遍陈述(全称命题)?

波普尔对先哲们——休谟、康德、莱欣巴赫与卡尔纳普等哲学家对于归纳问题的解释统统予以批判，他断言：在科学方法中要排除归纳法，并将归纳法逐出科学领域。

波普尔提出"理论先于观察"的观点。他认为人的骨子里具有某种天生的能力和某种期望，这会驱使人们对世界的各种问题进行大胆的猜测①。人猜测出来的理论有可能是正确的，也有可能是错误的。因而人对世界的猜想，是一种"尝试性的假说"。

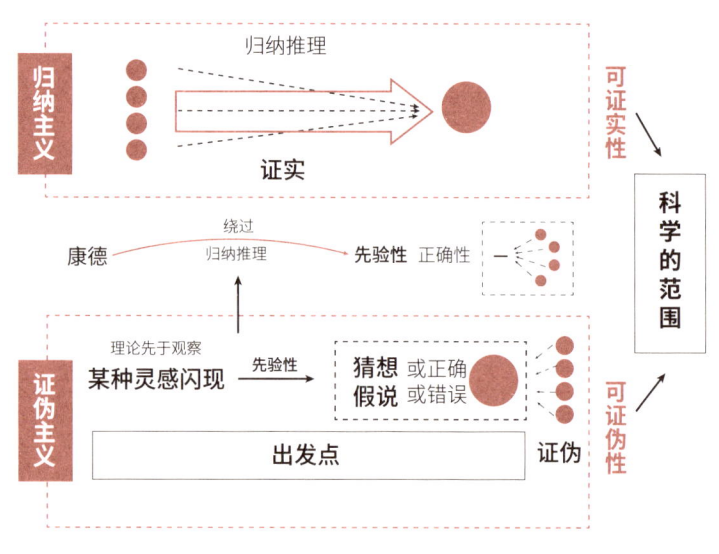

●●归纳主义与证伪主义比较

---

① 波普尔是一个先验论者，但他又与康德有着不同之处。康德直接赋予了先验形式以"正确性"。感性的纯形式"时间和空间"以及知性的纯形式"范畴"，自始就是先验的、不证自明的、正确的，因为你并不需要去论证这些先验形式的对错。但在波普尔这里，人的先验的能力以及人具有的天生的期望不一定是正确的。

如何检验假说,波普尔选择了和归纳主义不同的道路。归纳主义是验证理论的正确性,而波普尔则是要想办法通过经验证伪这个假说。如果这个理论具备了可证伪性,则它就具备了成为科学知识的可能性。

基于证伪主义,波普尔提出了科学发展的模式:问题—猜想—反驳—新的问题—再猜想—再反驳……科学研究像一趟没有终点的接力跑,科学系统也是一个动态发展的系统。

因而,科学永远都在追求真理的路上,科学只能接近真理而无法成为真理。

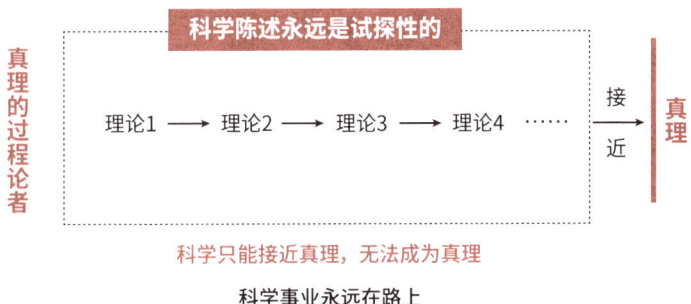

科学事业永远在路上

● ● 波普尔的真理观

库恩

关于库恩,我们重点把握他的"范式"理论。

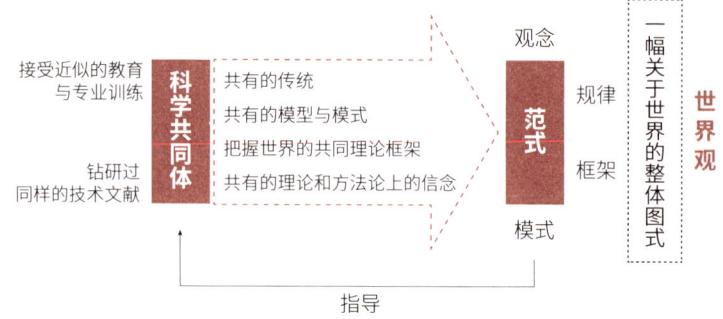

●●● **库恩：范式**

所谓范式，就是科学共同体成员对如何从事自己专业的研究秉持着共同的理论和信念。通俗理解，范式就是科学共同体的各个成员共同遵循的东西，可以是一种观念，一种模式或者框架。所有的共同体成员都会按照公认的"范式"来进行科学研究。

库恩也将"范式"视为科学划界的标准。一个理论体系，如果自身有"范式"，那么他就在科学范围内，如果没有"范式"就属于非科学的知识。

在看待科学发展的模式问题上，库恩提出了一个全新的模式：常规—危机—革命—常规……。他认为科学发展是一个否定与肯定、进化与革命交替的过程，科学发展的实质是范式的不断更替和转换。

其中革命时期——抛弃旧范式，确立新范式是最为关键的阶段。新旧范式之间具有着"不可通约性"。库恩认为新范式的产生来自某种神秘的灵感，范式的转换类似于宗教信仰的转换。

库恩的理论已经透露出非理性主义的色彩，但库恩在晚期又极力挽回自己理论中的非理性要素，他不认为自己走向了相对主义。

费耶阿本德

费耶阿本德则将非理性主义发挥到极致,将历史主义学派推向极端。

他反对一切方法——不存在什么单一的、独断的、不变的教条式的方法,他认为一切方法论都有局限性。进行科学研究,不要受到条条框框的束缚,只要能增进知识,能解决问题,怎么都行。科学应该是"无政府主义"的事业。

费耶阿本德发出"向理性告别"的呼声:人们,让我们向理性告别吧!让我们携起手来反对一切理性霸权和科学霸权,千万

● ● 反对方法,怎么都行

不要陷入对科学的迷信境地。科学是最富有侵略性、最教条的宗教机构。

费耶阿本德将传统观念统统推翻,表现出了极强的破坏力和后现代哲学的色彩。

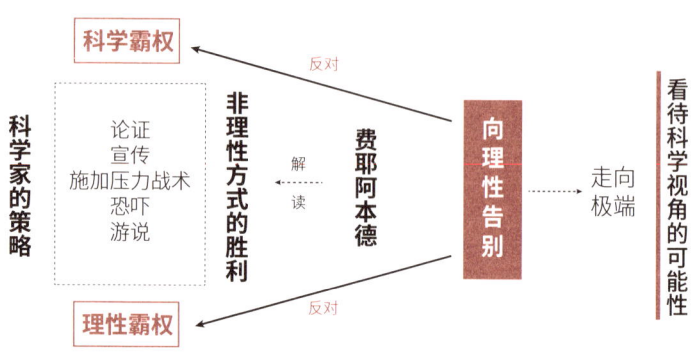

●○● 向理性告别

我们不得不说,费耶阿本德的理论只是他个人对于科学哲学的看法。这样的看法有没有缺陷呢?笔者个人认为是有缺陷的,或许他的劲儿使得太大了,走向了极端。

但我们也可以猜测一下,他如此用力过猛,用意何在?或许,他认为只有通过这种惊悚的表达才能引起大众的注意,唤醒大众的警觉。而这样的理论之所以能被写进科学哲学史,就在于费耶阿本德的精辟论述,他可以把一个大家习以为常的事情,从另一个角度说得头头是道。

笔者想,这正是哲学的魅力所在。

哲学可以为我们提供各种关于世界可能性的解读,而哲学的精神就在于思想的纯粹自由。

参考书目

赵敦华.现代西方哲学新编［M］.北京:北京大学出版社,2001.

张汝伦.现代西方哲学十五讲［M］.北京:北京大学出版社,2003.

刘放桐.新编现代西方哲学［M］.北京：人民出版社，2000.

马抗美,胡明,常绍舜,解战原.现代西方哲学评介［M］.北京：中国政法大学出版社，2003.

陈嘉明.现代西方哲学方法论讲演录［M］.桂林:广西师范大学出版社，2009.

姚大志.当代西方政治哲学［M］.北京:北京大学出版社.2011.

［德］彼得·斯洛特戴克.哲学气质［M］.谢永康,丁儒亢,译.桂林：漓江出版社，2018.

［法］弗朗索瓦·多斯.解构主义史［M］季广茂,译.北京：金城出版社，2011.

［德］马克斯·霍克海默，西奥多·阿多诺.启蒙辩证法［M］.渠敬东,曹卫东,译.上海:上海人民出版社，2006.

［德］格尔哈特·施威蓬豪依塞尔.阿多诺［M］.鲁路,译.北

京：中国人民大学出版社，2008.

［英］罗斯·威尔逊.导读阿多诺［M］.路程，译.重庆：重庆大学出版社，2016.

［美］赫伯特·马尔库塞.单向度的人：发达工业社会意识形态研究［M］.刘继，译.上海：上海译文出版社，2008.

［美］赫伯特·马尔库塞.反革命和造反［M］.波士顿：波士顿大学出版社，1972.

谢玉亮.马尔库塞乌托邦思想的现代性阐释［M］.北京：中国社会科学出版社，2014.

［德］德特勒夫·霍斯特.哈贝马斯［M］.鲁路，译.北京：中国人民大学出版社，2010.

［英］芬利森.哈贝马斯［M］.邵志军，译.南京：译林出版社.2010.

［法］莫里斯·梅洛-庞蒂.知觉现象学［M］.姜志辉，译.北京：商务印书馆，2001.

［美］丹尼尔·托马斯·普里莫兹克.梅洛-庞蒂［M］佘碧平，译.上海：上海人民出版社，2011.

［法］艾曼努埃尔·埃洛阿.感性的抵抗［M］曲晓蕊，译.福州：福建教育出版社，2016.

杜小真，刘哲.理解梅洛-庞蒂：梅洛-庞蒂在当代［M］.北京：北京大学出版，2011.

张尧均.隐喻的身体［M］.杭州：中国美术学院出版社，2006.

［德］伽达默尔.真理与方法［M］.洪汉鼎，译.上海：上海译文出版社，1999.

［德］乌多·蒂茨.伽达默尔［M］.朱毅，译.北京：中国人

民大学出版社，2010.

［法］米歇尔·福柯.疯癫与文明［M］.刘北成，杨远婴，译.北京：生活·读书·新知三联书店，2012.

［法］米歇尔·福柯.词与物：人文科学的考古学［M］.莫伟民，译.上海：上海三联书店，2016.

［法］米歇尔·福柯.规训与惩罚［M］.刘北成，杨远婴，译.北京：生活·读书·新知三联书店，2012.

［法］米歇尔·福柯.权力的眼睛：福柯访谈录［M］.严锋，译.上海：上海人民出版社，1997.

［法］米歇尔·福柯.性经验史［M］.佘碧平，译.上海：上海人民出版社，2005.

［美］詹姆斯·米勒.福柯的生死爱欲［M］.高毅，译.上海：上海人民出版社，2018.

［英］萨拉·米尔斯.导读福柯［M］.潘伟伟，译.重庆：重庆大学出版社，2017.

［英］安妮·施沃恩，［英］史蒂芬·夏皮罗.导读福柯《规训与惩罚》［M］.庞弘，译.重庆：重庆大学出版社，2018.

［德］克拉达，［德］登博夫斯基.福柯的迷宫［M］.朱毅，译.北京：商务印书馆，2007.

［法］雅克·德里达.书写与差异［M］.张宁，译.北京：生活·读书·新知三联书店，2001.

［法］雅克·德里达.声音与现象［M］.杜小真，译.北京：商务印书馆，2010.

［法］雅克·德里达.一种疯狂守护着思想——德里达访谈录［M］.

何佩群，译. 上海：上海人民出版社，1997.

［英］尼古拉斯·罗伊尔. 导读德里达［M］. 严子杰，译. 重庆：重庆大学出版社，2015.

卢德友. 德里达［M］. 西安：陕西师范大学出版总社，2017：7

［美］约翰·罗尔斯. 正义论［M］. 何怀宏，何包钢，廖申白，译. 北京：中国社会科学出版社，2016.

［荷］佩西·莱宁. 罗尔斯政治哲学导论［M］. 孟伟，译. 北京：人民出版社，2012.

邓肆. 罗尔斯政治哲学解读［M］. 北京：中国政法大学出版社，2014.

龚群. 罗尔斯政治哲学［M］. 北京：商务印书馆，2006.

杨玉成. 罗尔斯［M］. 陕西：陕西师范大学出版总社，2017.

［美］汉娜·阿伦特. 极权主义的起源［M］. 林骧华，译. 北京：生活·读书·新知三联书店，2014.

［美］汉娜·阿伦特. 艾希曼在耶路撒冷：一份关于平庸的恶的报告［M］. 安尼，译. 南京：译林出版社，2017.

［美］汉娜·阿伦特. 人的境况［M］. 王寅丽，译. 上海：上海人民出版社，2017.

［英］帕特里克·海登. 阿伦特：关键概念［M］. 陈高华，译. 重庆：重庆大学出版社，2017.

［美］达纳·维拉. 剑桥阿伦特指南［M］. 张笑宇，陈伟，译. 南京：译林出版社，2018.

［英］西蒙·斯威夫特. 导读阿伦特［M］. 陈高华，译. 重庆：

重庆大学出版社,2018.

［德］沃尔夫冈·霍尔,［德］贝恩德·海特尔,［德］斯特凡妮·罗森穆勒.阿伦特手册［M］.王旭,寇瑛,译.北京:社会科学文献出版社,2015.

［英］卡尔·波普尔.客观知识［M］.舒炜光,卓如飞,周柏乔,等译.上海:上海译文出版社,1987.

［英］卡尔·波普尔.科学发现的逻辑［M］.查汝强,邱仁宗,译.北京:科学出版社,1986.

［英］卡尔·波普尔.猜想与反驳［M］.傅季重,纪树立,周昌忠,蒋弋为,译.上海:上海译文出版社,1986.

［美］托马斯·库恩.科学革命的结构［M］.金吾伦,胡新和,译.北京:北京大学出版社,2003.

［美］保罗·费耶阿本德.反对方法［M］.周昌中,译.上海:上海译文出版社,1992.

［美］保罗·费耶阿本德.自由社会中的科学［M］.兰征,译.上海:上海译文出版社,1990.

郑毓信.科学哲学十讲［M］.南京:译林出版社,2013.

后　记

《哲学100问》全三季的内容，到这里就结束了。从古希腊到后现代哲学，我们领略了69位西方哲学家的思想魅力，聆听了跨越2500年人类文明的华彩乐章，攀登了人类精神世界的一座又一座高峰。这趟思想探险之旅时而紧张刺激，时而舒缓愉悦，时而痛苦绝望，时而激情绽放。

谨以此书向先哲致敬——正因无数先哲的探索精神，才使得当下的我们能享受这场人类思想的顶级盛宴。其次，我们也要向能坚持读完哲学史的"自己"致敬——在这个快节奏的时代，能真正静下心阅读哲学史，这本身就是对自身修为的极大考验。

建构、多元与解构

纵观《哲学100问》三季内容，每一季都独具特色。

第1季的从古希腊到黑格尔哲学，带有传统而朴素的思辨色彩。哲学家通过探寻"逻各斯"完成"抽象建构"（理性的建构、自我主体性的建构、人与世界关系的建构、人类生存内在秩序的建构）之任务。

第2季的现代西方哲学，表现出多元、绚丽、开放和包容等特征。各哲学流派百花齐放，逐渐显露出"反传统形而上学、反本质主义、反基础主义"的倾向。但总体而言，其"反"的力度不够猛烈，还未走向极端；

第3季的后现代西方哲学，则体现出极强的反叛性和摧毁性——拒绝同一性、拒绝本质主义、拒绝宏大的叙事，寻求不确定性和模糊性，寻求碎片性、多元性和差异性。

从第1季的"理性建构"到第2季的"反理性"再到第3季的"彻底解构"，在这趟哲学之旅中，我们感知到了人类思想从简单到复杂、从浅显到深刻、从单一都多元的发展过程。

哲学史，我们到底学到了什么

《哲学100问》三季读完，或许你会产生这样的困惑：哲学史，我们到底学到了什么？

我认为可归结为最为核心的一点，即"批判性的思维模式"。所谓"批判"，并不是指你遇到问题时对其进行的"否定与指责"，而是站在理性的角度对问题进行"重新审视"——澄清问题前提，之后给出自己的解决方案。

这样的思维素养，恰恰是你通过哲学史的学习而逐渐培养起来的：你要搞清楚哲学家为什么会提出这样的理论，其提出这样理论的前提条件是什么，即"澄清前提"；而后再去弄清楚哲学家从哪些角度提出了自己的全新理论，其理论和其他理论之间的差别是什么，哲学家是如何解决其遇到的问题的，即"给出解决问题的方案"。

通过系统学习哲学史，你便能逐渐培养出批判性的思维能力。当你面对实实在在的生活难题时，你便会对其多一些冷静的审视和思考，少一些无畏的抱怨和指责。

我想，这就是我们学习哲学史的最大收获。

哲学的永恒魅力

一直以来，我都坚持一个理念：哲学与生活不能脱节。普通大众学习哲学并非为搞学术研究，而是提升思考力以更加从容、淡定的姿态去生活。唯有如此，晦涩的哲学理论才能"鲜活"起来，才能与每个人的生命体验合而为一，哲学因此才能绽放永恒的魅力。

哲学本身是冷峻的，因为它是对生活本质的客观揭示；但哲学又是温暖的，因为它向我们传递了生命与人性的温度。

在这个喧嚣的时代，哲学给予了我们心灵的慰藉，赋予了我们"认清生活真相后，依然热爱生活"的勇气。当哲学内化为我们的生活方式时，我们便会"哲学地"去处理周遭的人、事、物，从而与世界达成真正的和解。

虽然哲学无法给我们明确的答案，但哲学可以训练我们的思维能力以寻找答案。哲学可以提升我们解决生活困境的能力，给予我们解决生活难题的力量，培养我们与世界的相处能力！

愿《哲学100问》能给每位读者提供心灵的智慧及生命的力量，愿大家都能勇敢、坚定地去做一个"通透、自在、豁达、深刻"的哲学人。

特别致谢

《哲学100问》三季内容，最先源于喜马拉雅音频课程，而后整理成书出版发行。前后整整历时四年。这一路走来，遇到的困难比想象多得多，在这里要感谢给予我支持和帮助的师长们和朋友们。

特别感谢中国出版集团旗下华文出版社宋志军社长的鼎力支持，特别感谢责任编辑方昊飞老师对本书的倾心付出，感谢华文出版社营销中心的老师们对本书的营销推广。同时，也要感谢喜马拉雅的老师们对《哲学100问》音频课程的支持。

当然，也要特别感谢一路支持我的听众朋友和读者朋友，你们的鼓励和支持，给了我无限动力。感谢有你们！

我写给你们的《哲学100问》结束了。

但于你们而言，属于自己的思想探险之旅或许才刚刚启程！期待着你们的光荣绽放！

我是书杰，期待再会！